# LE ROMAN DES CHIRAC

Journaliste à *L'Express*, Michel Feltin-Palas est rédacteur en chef du service régions depuis neuf ans. Il a auparavant travaillé trois ans comme adjoint de Christophe Barbier au service France et a précédemment passé onze ans à *La Croix*, aux services politique et économique.

MICHEL FELTIN-PALAS

# *Le Roman des Chirac*

Enquête sur soixante ans d'amour et d'ambition

MICHEL LAFON

ISBN : 978-2-253-25747-9 – 1re publication LGF

# Introduction

À l'été 2004, le président de la République et sa femme passent leurs vacances à La Réunion. Ils partagent leur dîner avec le chef d'entreprise Thierry Breton – futur ministre de l'Économie – et son épouse, que le couple présidentiel connaît et apprécie depuis longtemps. Comme à l'ordinaire, la conversation évoque un peu la politique, mais elle tourne pour l'essentiel autour du Japon, une passion commune des commensaux. La température est douce, la nourriture excellente, la soirée agréable. Tout va bien.

Soudain, Bernadette Chirac s'écrie : « J'ai perdu ma bague ! »

Ce n'est pas qu'il s'agisse d'un bijou de prix, mais il revêt à ses yeux une valeur sentimentale. Son époux le lui a offert à l'occasion d'un anniversaire de mariage que, pour une fois, il n'avait pas oublié. Une raison suffisante pour qu'elle s'y montre attachée.

La petite communauté commence donc à chercher un peu partout l'anneau disparu : sur la table, sous les chaises, dans le sable… Jacques Chirac y met toute son énergie, furète à quatre pattes, soulève les verres. Il se rend même en cuisine, persuadé que l'anneau a pu tomber dans une assiette avant d'être débarrassée. En vain. Son trouble est manifeste.

— Ça y est, je l'ai trouvée !

C'est sa conjointe qui lève victorieusement le bras, la bague tendue vers le ciel, tel un trophée. Curieusement, toutefois, son cri de victoire paraît légèrement retenu. Car il lui faut bien l'avouer, quinaude :

— Elle était tombée dans l'une des poches de ma robe…

Son mari, forcément, est contrarié.

— Bernadette, comme vous êtes !

Simple réflexe. Sa réprimande, à l'évidence, est davantage teintée de soulagement que de franche irritation. Au fond, le Président n'est pas vraiment en colère. Chacun a pu le constater, il s'est sincèrement inquiété pour sa femme et vient de faire tout ce qu'il a pu pour l'aider. Elle l'a remarqué, évidemment, et lui en sait gré. Ne s'agit-il pas d'une preuve d'amour ?

On ne comprend rien aux Chirac si on n'admet pas cela : Jacques et Bernadette forment un vrai couple. Un couple étrange, composé d'un époux volage et d'une femme jalouse. Un duo indestructible dont les membres ne se supportent pas. Deux corps chimiques antagonistes qui ne peuvent se passer l'un de l'autre. Jacques, brillantissime et égoïste. Bernadette, acariâtre plus souvent qu'à son tour, mais imprégnée du sens du devoir. Deux caractères qui, après leur rencontre sur les bancs de Sciences-Po, auront su cheminer côte à côte jusqu'à connaître ensemble les affres du grand âge et réaliser le destin qui était le leur.

De fait, ces personnalités hors du commun ont écrit de concert une saga inédite, imbrication improbable de tragédie grecque et de comédie burlesque que l'on croirait parfois dialoguée par Michel Audiard. L'histoire d'un tandem uni par l'amour et dévoré par l'ambition, alternant jours de gloire et temps de détresse, trahisons publiques et blessures intimes.

Au-delà d'une destinée politique victorieuse, c'est une invraisemblable aventure humaine qu'ils ont vécue devant les Français pendant six décennies. Six décennies durant lesquelles ils auront tour à tour masqué puis mis en scène leur intimité, transformant peu à peu leur vie de famille en théâtre à ciel ouvert et, parfois, en outil de communication.

Ce livre est donc le récit du couple Chirac, et non celui du seul ancien président. Le portrait de deux individualités issues de milieux différents, mais réunies par une quête commune. Deux êtres dont la vie ressemble à un roman passionnant, y compris pour les Français qui ne les apprécient guère, et même pour ceux qui ne s'intéressent pas à la politique.

Le roman des Chirac.

# 1

## « Et c'est ainsi que je me suis lié à Bernadette de Courcel »

À l'automne 1951, Jacques Chirac n'est entré à Sciences-Po que depuis quelques semaines, mais tout le monde, du plus illustre enseignant au plus humble des appariteurs, peut déjà mettre un nom sur le visage de ce grand escogriffe. Il faut dire que la nature, aussi partiale qu'arbitraire, semble avoir choisi de concentrer sur lui tous ses bienfaits.

Les photos de l'époque en témoignent : Jacques Chirac est avant tout un jeune homme magnifique. « À dix-neuf ans, c'était déjà un séducteur : il avait un succès incroyable auprès des filles », témoigne, en connaissance de cause, Bernadette Chirac[a]*. Pour l'avoir seulement croisé dans un couloir, bien des étudiantes sentent leur cœur défaillir.

Le bougre, de surcroît, ne jouit pas seulement d'un physique avenant ; il est brillant intellectuellement. Il

---

* Les notes bibliographiques sont rassemblées en fin d'ouvrage.

intervient à bon escient, impressionne par son esprit de synthèse, se distingue par sa force de travail. Et comme si cela ne suffisait pas, Chirac est également joyeux, expansif, chaleureux, gouailleur. « Il appartient à cette race de gens qui ont ce truc bizarre que l'on appelle le charisme, se souvient l'une de leurs condisciples de l'époque : il fascinait par sa seule présence[b]. »

Comme les autres, la très timide et très effacée Bernadette Chodron de Courcel a évidemment repéré ce beau gosse ardent et lumineux qui tranche avantageusement sur la plupart des autres étudiants, si réservés, et plus encore sur la cohorte de ses cousins, plus coincés les uns que les autres. Pour une aristocrate issue comme elle d'un milieu extrêmement strict, le contraste est saisissant. « Elle a ressenti un véritable coup de foudre », assurent ceux qui ont étudié avec elle.

Rien de tel, en revanche, dans l'autre sens. Bernadette n'est certes pas laide, loin de là, mais elle n'a ni l'attrait ni le brio de certaines de ses camarades. Marie-Thérèse de Mitry, en particulier, séduit bien davantage Jacques Chirac. Cette héritière de l'illustre famille Wendel n'a pas seulement pour elle le prestige de sa lignée. C'est une jeune femme superbe, très intelligente, dotée d'un caractère forgé par son extraction sociale privilégiée et les épreuves que la vie lui a déjà réservées. L'un de ses frères est décédé tragiquement et son seul patronyme lui vaut d'être cataloguée comme l'incarnation des « 200 familles », comme on nommait dans les années 1930 les prédateurs supposés de l'économie française. « Un jour, se souvient-elle, l'un de nos professeurs a commencé son cours ainsi : "Aujourd'hui, nous allons parler du capitalisme. Je laisse ma place à Mlle de Mitry." » Aussi mouchetées soient-elles, ces piques ne manquent pas de la blesser – et de l'endurcir. « J'étais à la fois attaquée et remarquée[c] », se souvient-elle. Jacques Chirac l'a remarquée, en effet, et il n'est pas le seul, comme le confessait Michel Rocard peu avant son décès : « Chirac et moi en étions tous les deux amoureux[b]. »

D'autres jeunes filles brillantes ont tapé dans l'œil du futur chef de l'État. Claude Delay, par exemple, la fille d'un grand psychiatre, incollable sur l'écrivain Thomas Mann. Ou la fille d'un diplomate, Laurence Seydoux de Clausonne, à laquelle il aurait même adressé une demande en mariage, selon plusieurs membres de la promotion. Mais aucune d'elles ne répondra à ses avances, bien décidées à ne pas perdre leur liberté en se mariant précipitamment. C'est bien plus tard que Marie-Thérèse de Mitry épousera Jean François-Poncet, futur ministre des Affaires étrangères de Valéry Giscard d'Estaing.

Bernadette, en revanche, n'aspire qu'à convoler le plus rapidement possible. Et, pour ce faire, elle ne manque pas tout à fait d'arguments. « Elle était jolie, charmante et intelligente. Elle avait un regard profond et l'on voyait dès le premier abord qu'il s'agissait d'une femme de grande qualité », témoigne l'ancien ministre Olivier Stirn, qui entra à Sciences-Po en 1955 et resta proche du futur président de la République pendant plusieurs décennies[b].

Une « femme de qualité ». C'est en effet ainsi qu'elle apparaît à Jacques Chirac, notamment à l'occasion d'une « conférence de méthode » que l'un et l'autre ont racontée à leur manière. « C'est alors qu'une jeune fille, surmontant sa réserve et sa timidité, lève le doigt et se porte volontaire pour le premier exposé, relate l'ancien chef de l'État dans ses mémoires[c]. Étonné, pour ne pas dire épaté, je me renseigne aussitôt à son sujet. Un peu plus tard, je lui propose de faire partie d'un petit groupe de travail que j'ai l'intention de constituer et qui se réunira au domicile de mes parents, rue de Seine. Elle accepte. Et c'est ainsi que je me suis lié à Bernadette de Courcel et ai entrepris de fréquenter celle qui m'est apparue d'emblée, sous ses airs de jeune fille rangée, comme une femme de caractère. »

Selon son épouse, l'épisode repose cependant sur une certaine équivoque. « De son côté, je crois qu'il y a eu un léger malentendu… Le hasard a voulu que nous soyons dans la même conférence, sans quoi il ne m'aurait probablement jamais remarquée. [Un étudiant plus expérimenté] m'avait dit : “Jetez-vous à l'eau dès la première conférence, prenez les premiers exposés, je vous aiderai à les préparer.” Et Jacques s'est trompé sur la personne, il a cru que j'avais un culot formidable, alors que je luttais contre une grande timidité. Il s'est dit : “Cette fille-là a du coffre !” Par la suite, il m'a très vite abordée en bibliothèque : “Mademoiselle, voudriez-vous faire partie du groupe de travail qui se réunira chez moi une fois par semaine ?” Tout est parti de là[a]. »

Qu'importe si leur rencontre repose sur un quiproquo, les deux étudiants se fréquentent désormais, et Chirac commence à considérer avec plus d'attention cette condisciple qu'en effet il n'avait pas distinguée précédemment.

Bernadette Chodron de Courcel a d'abord pour elle son nom. Aristocratique, c'est l'évidence, mais aussi prestigieux, grâce au parcours sans faille pendant la Seconde Guerre mondiale d'un proche parent de son père. Geoffroy Chodron de Courcel, en effet, s'est engagé dès 1940 auprès du général de Gaulle, à Londres, où il est devenu son chef de cabinet.

Chirac n'est pas du tout insensible à l'extraction de cette jeune étudiante, tous les témoignages concordent sur ce point. Citons, ès qualités, celui de Béatrice de Andia, comtesse de son état, descendante du prince de Talleyrand-Périgord, qui fut elle aussi la camarade d'étude des deux tourtereaux. « Nous étions d'un tout autre niveau social que lui et il avait un désir très marqué d'entrer dans ce monde qui n'était pas le sien, cela transparaissait avec netteté. » Ce Rastignac le sait, s'appeler Chirac n'a certes rien d'indécent, mais cela vaut handicap dans les quartiers huppés de la capitale.

Il ne faut cependant pas s'y tromper. Si Chirac est ambitieux, Bernadette ne l'est pas moins, à ceci près que, dans l'esprit d'une jeune fille de sa génération et de son milieu, sa propre réussite ne peut passer que par celle de son mari. Or, elle en est convaincue, l'homme sur lequel elle a jeté son dévolu ira loin, même si elle n'imagine pas une seconde à cette époque – pas plus que lui, d'ailleurs – que cela se traduira par un engagement en politique. Elle le déclare avec une certaine candeur : « Je l'ai pris parce que je savais qu'avec lui, on ferait quelque chose de bien[d]. » Comme le dira plus tard leur fille Claude, il y a dans cette union « quelque chose de rationnel[d] ». Avec plus d'amour chez elle, plus d'arrière-pensées chez lui. Mais enfin, elle a choisi et il s'est laissé faire. C'est l'essentiel.

Bernadette n'est d'ailleurs pas aussi conventionnelle que le laisseraient supposer son éducation irréprochable, sa réserve appropriée, ses jupes si longues et ses socquettes si sages. Elle ose ainsi le suivre, en compagnie de Michel Rocard, à la Rhumerie martiniquaise, autant dire un lieu de perdition pour cette oie blanche ! Elle s'en souvient avec amusement : « J'étais malade à l'idée que quelqu'un de ma famille puisse passer boulevard Saint-Germain et répandre la nouvelle : "J'ai vu Bernadette à la terrasse d'un café avec des garçons[a]." ». Elle en est malade, mais elle s'y rend tout de même… Signe, déjà, d'un tempérament plus affirmé qu'il n'y paraît.

Chirac apprécie également sa prévenance et sa serviabilité. Elle lui rédige des fiches de lecture, prend des notes quand il est absent, les lui dépose à son domicile… Une collaboration qui le soulage et lui réussit à merveille. « Je me rappelle *De la démocratie en Amérique*, de Tocqueville, raconte Bernadette. D'après mes fiches, sans avoir lu le livre, il a trouvé le moyen d'avoir une bien meilleure note que moi. C'était injuste, mais c'était ainsi[a]. »

Pourtant, elle ne se plaint pas, tant cette distribution des rôles lui semble conforme aux valeurs qu'on lui a inculquées. Elle n'est pas de ces féministes que l'on commence à croiser dans Paris, séduites par les théories de Simone de Beauvoir et de ses séides. Rester à l'arrière-plan, jouer les épouses dociles, se mettre tout entière à la disposition d'un homme occupant seul le devant de la scène lui convient.

Alors, oui, Chirac s'interroge sérieusement sur cette fille solide, droite, équilibrée. Ne serait-elle pas la conjointe soumise qu'il recherche ? Celle qui pourrait tenir son ménage et le servir, lui, l'enfant unique habitué depuis son plus jeune âge à ce que tout tourne autour de sa personne ? Ne ressemble-t-elle pas à sa mère, qu'il adore et qui l'adore, et dont il définit ainsi le rôle : «Sa principale préoccupation était de prendre soin de mon père et de moi[c]» ? Aussi, peu à peu, sa conviction se forge-t-elle. «Avant que je ne la rencontre pour la première fois, il m'a dit : "Je vais te présenter la femme de ma vie"», se souvient Olivier Stirn[b].

Les deux jeunes gens sont donc déterminés à unir leurs destinées. Encore faut-il que Bernadette parvienne à faire accepter l'élu de son cœur par sa famille. Ce ne sera pas le plus simple.

# 2

## « Est-ce au moins un être baptisé ? »

Car c'est peu dire que les Chodron de Courcel accueillent cette union avec contrariété. Et pour cause : en épousant un roturier, cette tête de linotte de Bernadette fait planer sur cette famille si soucieuse de respectabilité l'épouvantable spectre de la mésalliance. Le comble de l'abomination.

François Chirac, le père de Jacques, a pourtant brillamment réussi dans l'aéronautique, mais cela ne suffit pas. Ce descendant d'une famille d'instituteurs de Corrèze ne fréquente ni le Jockey Club ni l'Interallié, les cercles les plus huppés de la capitale. On ne décèle sa présence ni dans le *Bottin mondain*, ni dans l'annuaire de la noblesse française. Jehanne de Courcel Panhard, la tante de Bernadette, explique : « Mon frère ne connaissait ni les parents de Jacques Chirac, ni son monde. Il ne les situait pas bien socialement. Or à cette époque, le milieu comptait beaucoup[a]. »

Dans les décennies qui suivront, la mère de Bernadette ne manquera d'ailleurs jamais de le rappeler à son gendre, sur un ton mi-sérieux mi-ironique :

« N'oubliez pas que vous n'auriez jamais dû entrer dans la famille[b]. »

Si l'écart social représente la difficulté majeure, elle n'est cependant pas la seule. Les manières de Jacques heurtent également les Chodron de Courcel. En particulier sa manie de téléphoner chaque jour pendant des heures à sa dulcinée, au point de conduire parfois le père de celle-ci à envoyer un télégramme à sa propre fille lui enjoignant de libérer la ligne.

Plus grave encore : il y a la politique. À l'époque, le promis a la réputation sulfureuse de frayer avec le parti communiste. Il a notamment vendu *L'Humanité*, signé l'appel de Stockholm, d'inspiration soviétique, contre les armes nucléaires, et répliqué à son ami Michel Rocard qui tente de le faire adhérer aux étudiants socialistes SFIO : « Vous n'êtes pas assez à gauche pour moi[c] ! » En réalité, Chirac n'a pas encore d'idées bien arrêtées ; tout juste éprouve-t-il un vague attrait pour le pacifisme et les idées de Gandhi. Il n'empêche, son agitation l'a conduit à être fiché par la police. Chez les Courcel, où l'on est de droite depuis l'extrémité des orteils jusqu'à la pointe des cheveux, cela ne joue pas en sa faveur.

Enfin, il y a Dieu. Côté Chirac, on cultive résolument des convictions radicales, quand on ne fricote pas carrément avec les francs-maçons. Le grand-père paternel, vénérable d'une loge du Grand Orient, a longtemps ferraillé avec une passion vengeresse contre la presse cléricale[d]. Heureusement, grâce à sa mère, Jacques a reçu une éducation catholique. Au moins, cela permet de sauver les apparences, sans plus. Ce n'est pas que le jeune homme soit indifférent aux questionnements spirituels. Simplement, à l'époque, sa fascination pour l'Asie le conduit à s'intéresser de près à l'hindouisme et au bouddhisme tandis qu'il observe les sagesses occidentales avec distance.

Rien à voir évidemment avec les Courcel, une tribu où l'on donne des prénoms de pape aux enfants et où l'on s'enorgueillit de fournir à la sainte Église les bras et les cœurs dont elle a besoin. Parmi ses neuf frères et sœurs, le père de Bernadette compte ainsi un prêtre, Vincent, et une religieuse, Anne-Marie, chanoinesse régulière de Saint-Augustin. Autant dire que, lors des réunions familiales, le bon ami de Bernadette compte davantage de procureurs que d'avocats. «Est-ce au moins un être baptisé ?», interrogent, consternés, les grands-parents[d]. «Mme Chirac m'a toujours dit qu'au départ elle n'avait qu'une alliée dans la place, Mme de Lasteyrie, dite tante Pupuce. C'est la seule à l'avoir défendue», souligne Laurence Reculet, qui fut son assistante de 1986 à 2003[c]. Cela n'empêchera pas le nouvel entrant de mettre finalement tout le monde ou presque dans sa poche.

La première à succomber est sa belle-mère. «Mme de Courcel était une personne remarquable, très amusante, très piquante», souligne Caroline Pigozzi, journaliste à *Paris Match,* spécialiste et amie du couple Chirac[c]. Séduite par ce gaillard sympathique et chaleureux, la mère de Bernadette surmonte ses réticences initiales et s'en persuade bientôt : ce garçon correspond bien mieux au tempérament de sa fille qu'un quelconque cousin au troisième degré, muni d'un patronyme à particule et notaire à La Motte-Beuvron.

Il faut reconnaître aussi que, déjà, Chirac fait preuve d'une intelligence relationnelle hors du commun. « À son entrée à Sciences-Po, il ne maîtrisait pas du tout les codes sociaux de la haute bourgeoisie. Pourtant, je ne me rappelle pas l'avoir vu jamais commettre une faute de goût », s'étonne Marie-Thérèse François-Poncet[c]. En dehors de son rapport névrotique au téléphone, le jeune Jacques saura rapidement se comporter dans sa belle-famille et, peu à peu, faire tomber les barrières dressées devant lui.

Le père de Bernadette sera toutefois l'un des plus difficiles à convertir. Réputé assommant, confit dans la généalogie et la gloire de ses ancêtres, il est peu sensible au caractère parfois fantasque de son futur gendre. En revanche, il est impressionné par le splendide parcours scolaire de Jacques Chirac – troisième de sa promotion de Sciences-Po, il intègre l'ENA dans la foulée, en 1954, dont il sortira aussi parmi les meilleurs. Finalement, il basculera sous les assauts de sa femme et rendra définitivement les armes, un brin éberlué, devant l'insolente réussite politique de ce beau-fils qu'il n'aurait pas choisi. Et encore… Décédé en 1985, il ne l'aura connu « que » maire de Paris et Premier ministre. Bernadette aurait sans doute été fière de l'inviter en 1995 à l'Élysée, pour l'investiture de son roturier de mari.

Le 16 mars 1956, les deux jeunes gens unissent donc leurs destins. La cérémonie n'a certes pas lieu dans la grande basilique Sainte-Clotilde, où fraye habituellement la haute société du faubourg Saint-Germain. Soucieuse de marquer sa réserve, voire son dissentiment, la très honorable famille Chodron de Courcel a contraint le couple à se replier sur la chapelle attenante de Jésus-Enfant, plus discrète. Pas de quoi, néanmoins, contrarier la mariée, dont le sourire éclate derrière le tulle qui surmonte sa très classique robe blanche. Non seulement elle a mis la main sur le plus bel étudiant de Sciences-Po, mais elle est aussi parvenue à surmonter les réticences de son clan. Au sortir de l'église, elle offre avec fierté son bras à ce jeune homme superbe qui a pour l'occasion revêtu son uniforme de sous-lieutenant de cavalerie.

Le triomphe de Bernadette, cependant, ne durera pas. Dès le lendemain de la cérémonie, Jacques part en Algérie, où il va servir près de dix-huit mois. Entre un conjoint absent – et très vite inconstant – et une épouse condamnée à patienter seule à leur domicile, leur relation de couple, déjà, est posée.

## 3

## «Les enfants le voyaient rarement, et ce n'était pas très bon»

Bernadette comprend rapidement le problème auquel elle va être confrontée : elle a lié sa vie à un homme hyperactif et, par là même, hyperabsent. C'est simple, Chirac est toujours ailleurs, et ce dès les premiers temps de leur union, comme il le confesse dans ses Mémoires : «Par la force des choses, nous sommes [...] condamnés, à peine mariés, à une séparation de plusieurs mois. Situation [...] plus difficile encore à supporter pour Bernadette, d'emblée confrontée à une vie de couple peu ordinaire[a].»

La «force des choses» a bon dos car, en ce qui le concerne, le jeune époux «supporte» assez bien cet éloignement. En Algérie, sous l'uniforme, il se découvre une véritable fascination pour la vie militaire, au point d'envisager d'embrasser la carrière des armes. Quant à sa supposée «difficulté» liée à l'éloignement de sa chère et tendre, il l'apaise sans attrition particulière dans les bras des créatures peu farouches qui passent à sa portée.

Libéré en 1957, Jacques Chirac se cherche. Il aimerait se réengager mais doit y renoncer face au double veto de son épouse et du directeur de l'ENA. Tout juste reviendra-t-il dans ce département pas comme les autres en 1959, en tant que haut fonctionnaire. Par choix : à l'époque, il est favorable à l'Algérie française et c'est ici que, selon lui, le devoir l'appelle. Mais le charme est rompu. Le fracas des combats, la présence de l'ennemi, la confraternité entre les hommes, la peur de la mort, tout cela, depuis son bureau de « renfort administratif », lui paraît bien lointain. Et puis, sa liberté est moindre, il est cette fois accompagné de Bernadette et de sa fille Laurence, qui a vu le jour l'année précédente.

De retour en métropole en 1960, il se retrouve affecté à la Cour des comptes, où il s'ennuie à mourir – comme il s'était morfondu durant son stage à la préfecture de Grenoble, trois ans plus tôt. De ces deux expériences insipides, il tire une conviction : jamais cette condition de gratte-papier, à mille lieux du parfum d'aventure qu'il a connu lorsqu'il était soldat, ne le rendra heureux.

Son ciel ne s'éclaire qu'en décembre 1962, quand Gérard Bélorgey, un acolyte de Sciences-Po, lui signale un poste vacant auprès de Georges Pompidou, le nouveau chef du gouvernement. Il ne le sait pas encore, mais son destin vient de basculer. Lui qui ne songeait pas à la politique vient d'y glisser l'auriculaire de la main gauche, tout son corps y passera bientôt.

Très vite, en effet, il retrouve son exaltation coutumière. Malgré leur caractère technique, les dossiers dont il est chargé le passionnent, et il trouve en la personne du Premier ministre plus qu'un père spirituel, un «modèle», selon son expression, avec lequel il partage l'amour de la poésie, le goût de la bonne chère et une inclination sincère pour la ruralité. Matignon lui offre l'occasion de canaliser son énergie, inépuisable, et de démontrer son talent, qui n'est pas mince. Il se consacre à son nouvel emploi avec autant d'ivresse que d'efficacité.

Corollaire : malgré la naissance de sa seconde fille en 1962, il est de moins en moins présent chez lui. «J'avais cinq ans quand papa s'est lancé dans la politique. Je ne me souviens pas d'avoir passé à Paris un dimanche entier en sa compagnie, comme tous les autres enfants[b]», confesse avec franchise Claude dans les années 1980, à une époque où elle ne cherche pas encore à édifier la statue de son paternel. Car si Chirac fut sans doute un père aimant, il fut surtout un père absent. Il lui arrive bien, de temps à autre, de placer des gobelets remplis d'eau au-dessus des portes ou, pendant les vacances, d'emmener sa progéniture dans les centres éducatifs pour handicapés qu'il a créés en Corrèze[c]. De rares exceptions, qui ne modifient qu'à la marge son comportement habituel. «Avec lui, la journée de travail n'était jamais finie, souligne Bernadette. Sa tâche passait avant tout et je n'avais pas mon mot à dire. [...] Bref, les enfants le voyaient rarement, et ce n'était pas très bon [...]. Ils en ont souffert[d].»

Il va de soi qu'appartenir au cabinet du Premier ministre n'est pas une tâche de tout repos, mais en réalité Chirac a toujours fonctionné ainsi. «Même jeune, alors qu'il avait plus de temps pour lui, il ne s'occupait pas beaucoup de ses filles», relève

Françoise Limoujoux, une amie corrézienne du couple[e]. Les vacances ne font pas exception. Lors de l'été 1962, par exemple, la petite famille se trouve à Sainte-Féréole, alors que Bernadette est enceinte de Claude. Sa grossesse est difficile et elle ne peut quitter la maison. Laurence, elle, n'a que quatre ans. Cela n'empêche pas Jacques, l'esprit ailleurs, de quitter sa tribu et de parcourir la Corrèze en 2CV avec des amis.

La situation s'aggravera encore après son élection à la députation, en 1967, qui le conduit à s'éloigner de la capitale tous les week-ends ou presque. « En Corrèze, il courait tout le temps, se souvient le journaliste Philippe Alexandre, qui le côtoie très régulièrement à cette époque. Il n'avait pas conscience de sacrifier sa famille à ses responsabilités, mais c'est bel et bien ce qu'il faisait. D'ailleurs, la famille est un sujet dont il ne parlait jamais[e]. »

Que l'on se rassure, quand il s'agit de son propre plaisir, cet égocentrique invétéré parvient toujours à dégager le temps nécessaire. À la maison, rapporte de nouveau Claude, il se plonge dans les livres qui retracent les grandes heures des civilisations lointaines[f]. En Corrèze, c'est mieux encore, il jouit d'une liberté dont il profite largement. L'ancien président du Conseil constitutionnel Pierre Mazeaud, qui fut souvent son camarade de bamboche, le confirme : « Il est certain que Jacques ne s'est pas beaucoup consacré à ses filles. Il préférait tromper Bernadette, pour dire les choses[e]. »

Lesté d'un conjoint aussi volant que volage, Bernadette accuse le coup. «Je me souviens de l'avoir vue mal arrangée, mal fagotée, mal coiffée, négligée, rapporte une connaissance du couple. On aurait dit un petit oiseau battu, une nonne en civil. Lui, au contraire, était toujours somptueux. On se demandait vraiment comment elle avait pu épouser un si bel homme.» Néanmoins, fidèle à l'éducation qu'elle a reçue, elle fait front. «Ce fut une période assez pénible. Je devinais bien qu'en s'engageant dans cette voie, mon mari allait m'échapper, qu'il serait parti tout le temps. Il y a eu un peu de tangage à ce moment-là…», confessera-t-elle plus tard dans son livre à succès écrit avec le journaliste Patrick de Carolis, *Conversation*[d].

Très tôt, donc, elle se montre consciente du danger. Alors, pour sauver son couple, elle décide de suivre son conjoint le plus souvent possible dans ses tournées électorales et ce, dès sa première campagne législative, pendant l'hiver 1966-1967. Parfois, elle emmène les enfants avec elle, quitte à les confier pendant la journée à des amis à Ussel. Parfois, elle les laisse à Paris, auprès de leurs grand-mères ou des employées de maison.

La vie militante ne l'enchante guère, pourtant. Un jour, alors qu'elle boude ostensiblement en préparant de petits sandwichs, son beau-père lui assène : «Ma petite, vous êtes montée dans le train. Maintenant, vous restez ou vous partez!» Cette scène, elle l'évoquera souvent plus tard devant ses proches. «Elle m'a toujours dit que, pour elle, cette escarmouche avait constitué un déclic, d'autant qu'elle aimait beaucoup ses beaux-parents. Elle a compris la leçon et s'est adaptée à sa nouvelle vie», témoigne Laurence Reculet[e].

En revanche, les éclipses à répétition de leurs parents ne conviennent guère à leurs filles. Une amie de collège de leur cadette témoigne : «J'ai été invitée à plusieurs reprises chez Claude. Un jour, elle a sorti une bouteille de porto. On a bu en écoutant le tube de Laurent Voulzy, *Rockollection.* C'était l'après-midi, je suis rentrée à la maison en titubant. Ma mère était furieuse contre cette drôle de famille Chirac ! Les deux sœurs semblaient livrées à elles-mêmes.» «J'ai mis mes enfants en pension à huit ans. Je ne les voyais pas de la semaine. Eh bien, Bernadette a été encore moins présente que moi auprès de Laurence et de Claude», confirme son amie Marie-Thérèse François-Poncet, dont le propre mari a été parlementaire, ministre, maire et président de département. «Ces deux petites ont été sacrifiées pour la France, qui leur a volé leurs parents. Nous leur devons à la fois admiration et reconnaissance», ajoute, avec une grandiloquence sincère, Françoise Limoujoux.

Sa femme se sacrifie pour lui, allant jusqu'à négliger leurs filles pour le contenter ; et pourtant, Jacques n'est pas satisfait. Bernadette, selon lui, n'est pas assez disponible pour sa petite personne. Il lui reproche : « "Vous avez l'instinct maternel exacerbé", me disait-il parfois. Il trouvait non pas que c'était "trop" pour les enfants, mais "tout" pour eux et peut-être pas assez pour lui[d]. »

Un mois après avoir été élu député, en 1967, Chirac entre au gouvernement. La situation s'aggrave. «Ce secrétariat d'État me conférait pratiquement le rang de ministre. Je restais toute la journée rue de Rivoli et le soir, vers 19 heures, j'allais retrouver Pierre Juillet, Marie-France Garaud [NdA : deux conseillers très influents de Georges Pompidou, qui prendront bientôt Chirac sous leur aile] et deux ou trois autres personnes. Là, on faisait pla-pla, pla-pla[g].» Et qu'on ne compte pas sur lui pour abandonner sa chère Corrèze. «Le vendredi soir, je prenais le train qui me conduisait le lendemain à 4 h 30 à Ussel et je rentrais le lundi matin. Je n'ai pas passé une semaine sans me rendre les samedis et dimanches dans ma circonscription[g].»

Seule la méningite de Laurence, qui survient pendant l'été 1973 et s'accompagnera d'une anorexie mentale, déclenche chez lui un début de prise de conscience. Pendant un temps, il s'efforce d'être un peu plus présent auprès d'elle. Un temps... Beaucoup plus tard, sans doute par crainte d'un nouveau drame, il prendra soin d'embaucher Claude à l'hôtel de ville de Paris. Car c'est l'un des côtés sympathiques du bonhomme, il reconnaît souvent ses erreurs. «On ne mène pas la carrière qui est la mienne sans sacrifier une grande partie de sa vie personnelle, en particulier ce qui devrait compter plus que tout pour un père de famille, l'éducation de ses enfants, écrira-t-il. Je m'y suis moins bien consacré que je n'aurais dû, laissant à Bernadette la tâche d'élever Laurence et Claude[a].»

La culpabilité est l'un des moteurs de base de Chirac, prompt à s'accuser de tous les maux – à défaut, on le verra, d'en tirer toujours les conclusions. En 1973, le drame de Laurence sonne comme une alerte : ses choix de vie mettent en danger son couple et ses enfants. Il ne va pas y renoncer pour autant.

# 4

## « Il y a trente ans que je sacrifie ma famille pour devenir président. Eh bien, j'ai échoué sur les deux tableaux »

Sur la mer démontée que constitue leur vie de couple, Bernadette s'efforce de maintenir à flot le fragile esquif de la famille Chirac. Et, heureusement pour Jacques, son épouse n'a rien d'un marin d'eau douce. « Il a toujours senti que ce serait une femme sur laquelle il pourrait s'appuyer. Elle est d'une extraordinaire solidité », souligne, admirative, son amie Béatrice de Andia[a].

Ainsi secondé, Chirac peut en effet se consacrer à la politique. Or, la politique, ce n'est pas rien. « Il faut voir ce qu'est ce milieu, souligne en experte Marie-Thérèse François-Poncet. La politique vous prend un être vivant par toutes les tripes. À peine élu, il lui faut penser à sa réélection, c'est une angoisse permanente. Tout, dans votre vie, se rattache à cela[a]. »

Si Bernadette Chirac est bien décidée à ne pas laisser sa vie privée se déliter, elle a conscience qu'il n'en a pas toujours été ainsi. Au soir de sa vie, elle en fera parfois la confidence à ses amies proches : « On peut envier la place où je suis, mais vous, vous avez réussi votre vie de famille. Moi, j'ai échoué. » Un drame pour cette catholique sincère qui, conformément à sa foi et aux préceptes reçus chez les Chodron de Courcel, place le bonheur de son foyer au-dessus de tout.

Ce terrible aveu tient à de multiples causes. D'abord, elle qui aurait tant voulu « donner à son mari un héritier », comme l'on dit dans son milieu d'origine, n'a eu « que » des filles. Elle rêvait aussi d'avoir davantage d'enfants. Peut-être pas dix, comme feu sa grand-mère paternelle, mais plus de deux, en tout cas. « Si j'avais eu une famille nombreuse, je n'aurais pas fait de politique », reconnaîtra-t-elle d'ailleurs en mars 2014[b]. Enfin, bien sûr, il y a la maladie de Laurence et ce remords qui la taraude : elle et son époux ont trop donné à la politique.

Jacques Chirac se montre plus sévère encore avec lui-même. Lors d'un accès de déprime, après son échec à la présidentielle de 1988, ce grand pudique confie à l'un de ses biographes, Franz-Olivier Giesbert : « Il y a trente ans que je sacrifie ma famille pour devenir président. Eh bien, j'ai échoué sur les deux tableaux. Je ne suis pas président et j'ai perdu ma famille.

— Perdu ?

— Oui, perdu. Je ne crois pas que je la retrouverai jamais. Je l'ai toujours fait passer après ma carrière[c]. »

Car c'est là l'un des nombreux paradoxes de cet homme beaucoup plus complexe qu'il ne cherche à le faire croire : lui aussi est viscéralement attaché à sa famille. Elle est son socle, son ancrage, son port d'attache. Cela ne l'empêche pas, au quotidien, de courir le cotillon et d'ajouter sans cesse une réunion à une journée qui en comprend déjà vingt-sept...

Singularité de la psychologie humaine : par son éloignement permanent, Chirac suscite en retour chez les siens un immense besoin d'amour et de reconnaissance. Cela le sauvera quand, en 1995, isolé politiquement, moqué médiatiquement, trahi de tout côté, il sera à deux doigts de la sortie de route définitive. Au moment où tout semble s'écrouler autour de lui, il trouvera en Bernadette et en Claude deux socles sur lesquels s'appuyer.

Paradoxalement, c'est bien grâce à son clan que ce père absent et ce mari inconstant parviendra à conquérir le pouvoir suprême.

# 5

## « Je mentirais si j'affirmais avoir déserté la compagnie des autres demoiselles »

Il y a quelque chose de compulsif chez Jacques Chirac. Il mange comme quatre, travaille du lundi matin au dimanche soir, téléphone sans arrêt à la Terre entière. Et, bien sûr, il multiplie les conquêtes féminines. L'ancien président Valéry Giscard d'Estaing qui, pour l'avoir beaucoup détesté, l'a attentivement observé, remarque avec perspicacité : « Il faut toujours qu'il coure, car il fuit quelque chose. Un vide, une angoisse, je ne sais quoi. Il est trop mal dans sa peau pour rester en place[a]. »

On peut y voir un appétit forcené de vivre. On peut aussi y déceler une forme d'angoisse, que certains rattachent à la mort de sa sœur aînée à l'âge de deux ans – Jacqueline, dont il porte le prénom au masculin. Chirac, peu porté sur l'introspection, et moins encore sur l'étalage de ses sentiments, n'a jamais avancé sa propre explication. Quoi qu'il en soit, même ses zélotes les plus fanatiques sont obligés d'en convenir, en termes de loyauté conjugale, leur héros peut difficilement passer pour un modèle.

La seule chose qu'on ne puisse pas lui reprocher, c'est d'avoir pris son épouse en traître, dans la mesure où il l'a trompée depuis le début. Dès le lendemain de leur union, précisément, quand le jeune marié prend l'uniforme en Algérie. «Pendant nos permissions, nous allions à la plage, se souvient l'une de ses connaissances de l'époque. Il venait à peine de convoler, mais il nous parlait déjà des filles qu'il voyait et qu'il ne se contentait pas de regarder. Il faut dire qu'il était suprêmement beau et qu'il n'avait pas fait vœu de chasteté[b].»

Cela a même commencé avant, dès leurs fiançailles célébrées en octobre 1953. Avec des pudeurs de violette, l'intéressé le confirme lui-même dans ses Mémoires lorsqu'il décrit la période qui a suivi sa rencontre avec sa future femme : «Je mentirais si j'affirmais, dans le même temps, avoir déserté la compagnie des autres demoiselles de Sciences-Po[c].» Doux euphémisme.

Quelques mois auparavant, alors qu'il est «en partie déjà engagé auprès de Bernadette[c]» et voyage à travers les États-Unis, il trouve en effet le moyen d'annoncer par courrier ses... fiançailles avec une belle Américaine de Caroline du Sud, Florence Herlihy. Il faudra que les parents Chirac s'interposent pour couper court à cette idylle. «Je ne veux pas d'une belle-fille américaine qui roule en décapotable!» tonne sa mère[d]. Après avoir reçu une lettre comminatoire de son père, le rebelle de salon finira par s'incliner[a] : «Ça a chauffé et je me suis défiancé», racontera-t-il sobrement[e]. Bernadette, pour sa part, bénira le ciel, et plus encore la famille Chirac. «C'est grâce à mes beaux-parents qu'il est revenu, confiera-t-elle à des proches. Il avait rencontré une autre minette et j'ai bien failli ne jamais l'épouser[b].» Pour plus de sûreté, toutefois, leurs fiançailles sont organisées dès son retour.

Hélas pour la promise, si Chirac a renoncé à Florence, il n'a aucunement l'intention de faire rimer hyménée avec fidélité. L'été 1954, il part en vacances en Scandinavie, sans Bernadette mais en compagnie de son ami Michel François-Poncet, qu'il décrit ainsi : «Un amateur de tout, y compris des jeunes femmes, auprès desquelles il aura toujours beaucoup de succès.» Un compagnon que Chirac n'a sans doute pas choisi sans arrière-pensée...

Dès le départ, le décor est donc planté. «Les filles, ça galopait», résumera en 2001 dans son livre *Conversation* celle qui était tout de même la première dame de France. Formule saisissante. Et justifiée, puisqu'il en sera ainsi pendant des décennies.

Dans les hôtels que le jeune député fréquente en Corrèze – Les Gravades, à Ussel, ou le Limouzi, à Tulle –, de jeunes créatures accortes l'accompagnent souvent. «Il cavalait beaucoup, se souvient l'un de ses amis de l'époque. Parfois, je recevais un coup de fil de Bernadette, qui m'interrogeait : "Je n'arrive pas à joindre Jacques. Savez-vous où il se trouve ?" Moi, j'étais obligé de louvoyer, d'inventer des réunions auxquelles il était censé assister. Je ne sais pas si elle était dupe.»

À Paris, sa liberté est moindre, mais il en faudrait davantage pour l'arrêter. Des secrétaires, des militantes, des adjointes, des actrices, des journalistes, et même des ministres, tout ce qui porte jupon l'émoustille.

Souvent, il commet des imprudences. « À la fin des années 1960, il a été fou de l'une de mes consœurs de *L'Express,* se souvient la journaliste Catherine Nay. Un jour, elle est revenue à la rédaction avec un mouchoir blanc sur lequel il avait écrit avec son rouge à lèvres "Je t'aime". » À ses maîtresses, il offre régulièrement des bijoux, qu'il fait acheter en liquide par des collaborateurs, sans que l'on sache très bien d'où vient l'argent. Membre du gouvernement, il fait parfois affréter un avion pour rapprocher de lui l'élue de son cœur, du moins celle du moment. Et il n'hésite jamais à s'afficher auprès d'elle malgré la présence de la presse.

Parvenu à l'Élysée, il prend davantage de précautions mais continue d'entretenir des liaisons adultérines. Selon ses collaborateurs, il s'assagira finalement quelque peu l'âge venant, sans toutefois se calmer complètement. S'agit-il pour lui de rester fidèle à son image ? Ou de lutter contre le temps qui passe ? Toujours est-il qu'il reste dans un rapport de séduction permanent et ne peut s'empêcher de faire la cour à une jolie femme passant à sa portée…

Pendant soixante ans, Bernadette Chirac connaîtra ainsi une humiliation qui ira croissant avec la célébrité de son conjoint. Dans cette tourmente, elle s'efforce tant bien que mal de faire bonne figure, conformément à son éducation et aux valeurs que lui a transmises sa famille. « Elle appartient à cette vieille aristocratie française qui considère que ce sont là des amourettes insignifiantes au regard d'un sacrement comme le mariage », indique son amie la comtesse de Andia. « À ses yeux, il s'agissait d'aventures d'arrière-boutique qui ne comptaient pas, au même titre que les amours ancillaires dans les dynasties bourgeoises », complète Bernard Bled, qui fut l'un des proches collaborateurs de Chirac à la mairie de Paris. « Elle m'a confié que jeune, elle avait souffert, mais ce n'était plus le cas dans les années 1980, quand j'ai commencé à travailler avec elle, souligne son assistante Laurence Reculet. À ce moment-là, elle savait qui était son époux et avait compris qu'elle ne pourrait pas le changer. »

Bernadette tente donc de considérer ses conquêtes comme de simples toquades. En revanche, elle sait intervenir quand elle sent son couple menacé. Ce sera le cas, une fois au moins.

En 1974, Jacques Chirac tombe fou amoureux d'une rédactrice du *Figaro,* Jacqueline Chabridon, dont le nom est aujourd'hui de notoriété publique. Et il ne fait rien pour le cacher. Lors d'une visite officielle à Moscou, la jeune journaliste appartient à la délégation de celui qui est alors Premier ministre. Comme il fait un peu froid, Chirac s'approche de son officier de sécurité, lui emprunte un chandail et le dépose délicatement sur les épaules de sa maîtresse. Quelques pas plus loin, Bernadette, vêtue d'un imperméable bleu ciel, assiste à la scène, triste et mutique. « Vous pleurerez un autre jour », lui avait enseigné sa mère. Alors, elle ne montre rien, en tout cas le moins possible.

En Inde, en janvier 1976, c'est pire. « Les journalistes à bord de l'avion de la République notent les fréquents allers et retours de leur consœur entre l'arrière de l'appareil, où sont situés les sièges dévolus aux médias, et l'avant, où le Premier ministre dispose d'un espace privé. Point besoin d'une grande sagacité pour observer le petit manège. Et pourtant, Bernadette accompagne son époux[f] ! » Cela n'empêchera pas Jacques Chirac de poser hypocritement pour les photographes devant le Taj Mahal avec sa légitime…

À la journaliste du Figaro, il promet de divorcer, si l'on en croit le dialogue rapporté par Laureline Dupont et Pauline de Saint-Rémy, qui ont consacré un livre à cet épisode :

« Je vais t'épouser !

— Je ne te crois pas et de toute façon je ne veux pas.

— Mais puisque je te dis que je veux t'épouser. Cette fois-ci, c'est sérieux. C'est pour de bon[f] ! »

Chirac, ce jour-là, est-il sincère ? Sa maîtresse, visiblement, ne le pense pas. Sa conseillère la plus influente de l'époque, Marie-France Garaud, non plus. Selon elle, il s'agit d'une simple provocation, d'une manière de se sentir libre[f]. En tout cas, il ne passera jamais à l'acte. Parce qu'il tient non seulement à sa carrière mais aussi à son épouse, il quitte en 1976 Jacqueline Chabridon, à qui l'on propose un arrangement financier. Une tragédie pour cette jeune femme qui sombre dans le désespoir et tente de se suicider. Une tragédie qui n'empêchera pas l'ancien président, en 2006, de répondre à Pierre Péan, à propos de cette idylle : « Possible… mais ce n'est pas une chose qui m'a beaucoup marqué[e]. »

Quelques années plus tard, Jacques Chirac sera de nouveau très sérieusement amoureux d'une autre journaliste. Employée à l'Agence France-Presse, Élisabeth Friederich est accréditée auprès de la mairie de Paris, c'est ainsi qu'ils se sont rencontrés. Leur relation est moins passionnelle que celle qu'a connue l'ancien président avec Jacqueline Chabridon, mais elle est solide, sincère, riche. Et durable : selon divers témoignages, elle se serait étendue sur une quinzaine d'années, depuis le début des années 1980 jusqu'à l'entrée de Chirac à l'Élysée, en 1995.

Pendant cette longue période – on ne se refait pas –, Chirac continue de collectionner les conquêtes ; mais il est profondément épris de cette femme distinguée qui, toujours, se comporte avec discrétion. Elle saura notamment se retirer avec élégance, après son élection à la présidence de la République. Le jour de l'investiture du nouveau chef de l'État, le 17 mai 1995, c'est depuis l'Hôtel de Ville qu'elle regardera la cérémonie devant un poste de télévision. «On devinait ce qu'elle pensait : "Voilà, je perds l'homme que j'ai aimé" », se souvient l'un de ses collègues[b].

Face à tant d'épreuves, il arrive à Bernadette Chirac de céder à la tristesse et de s'épancher auprès de ses amies : «Toi, au moins, ton mari n'a pas vagabondé.» Plus rarement, c'est humain, elle verse dans l'aigreur : «Jacques a eu beaucoup de maîtresses, mais j'en veux principalement à trois. Et vous savez ce qui me fait plaisir ? Aujourd'hui, elles sont aussi laides que moi ! » confie-t-elle à une journaliste qu'elle connaît bien[b].

En règle générale, cependant, l'humour lui sert de carapace. À des femmes qui, dans la rue, lui avouent qu'elles trouvent son époux « très séduisant », elle répond : « Oui, mais c'est le mien ! » À des proches, elle glisse : « Ah, les paillassons ont soupiré devant la chambre de mon mari ! » En mars 1998, alors que le petit milieu politico-médiatique cancane à propos de la liaison que le Président entretient avec l'actrice italienne Claudia Cardinale, elle lance, bravache, aux journalistes qui l'accompagnent en Corrèze : « Pourquoi toute cette presse ? Je ne suis pourtant pas Claudia Cardinale ou Gina Lollobrigida, tout de même ! » Devancer les allusions plutôt que les subir, la tactique n'est pas absurde…

Sa vraie compensation, toutefois, se situe ailleurs, dans une certitude ancrée au plus profond d'elle-même et confirmée par les faits. Quels qu'aient pu être les agissements de son don juan de mari, elle sait que sa patience et son abnégation ont payé. À la fin des fins, entre toutes celles que Jacques Chirac a connues, c'est bien elle, et elle seule, qui a gagné le combat des femmes.

## 6

## « Mais oui, bien sûr, j'ai été jalouse ! »

C'est une réunion comme il s'en déroule d'innombrables chaque semaine à l'Élysée, sauf que celle-ci concerne la Corrèze et se termine tard, vers 22 heures environ. Circonstance malencontreuse, l'une de ses participantes, une jeune femme vive et avenante, a la mauvaise idée de rencontrer Bernadette Chirac au détour d'un couloir. Le hasard fait parfois mal les choses…

— Vous êtes encore là, vous !

— Oui, madame, je travaille sur le dossier de la fondation Jacques-Chirac

— Je parie que vous avez vu mon mari.

— Bien sûr, madame, nous avions une réunion de travail…

— Vous avez de la chance, vous le voyez plus souvent que moi !

La relation entre le président de la République et cette collaboratrice n'a jamais rien eu d'équivoque, mais Bernadette est ainsi, méfiante à l'égard de toutes les représentantes du beau sexe. L'épouse bafouée soupçonne toutes celles qui travaillent ou ont travaillé avec son conjoint, *a fortiori* quand elles ont un peu d'allant. Au moment de la naissance de la fille de Rachida Dati, qui refuse de dévoiler le nom du père, l'ancienne première dame lance ainsi à son mari : «J'espère quand même que ce n'est pas vous[a] !» Valérie Pécresse, l'actuelle présidente de la Région Île-de-France, est elle aussi l'objet de sa vindicte régulière. Les deux anciennes ministres sont loin d'être les seules dans ce cas. Nombreuses sont les innocentes à recevoir ses flèches – à leur corps défendant, si l'on ose dire.

Ginette Delord a longtemps tenu avec son époux un important hôtel-restaurant à Tulle, le Limouzi. «Je me souviendrai toute ma vie de la première fois où elle est venue ici, à l'occasion d'un repas du conseil général de Corrèze», témoigne l'ancienne patronne, aujourd'hui retraitée[b]. Comme il se doit, Ginette Delord accueille les convives à l'entrée de la salle, embrasse ceux qu'elle connaît le mieux, serre la main des uns des autres, quand se présente Bernadette Chirac, l'air revêche. L'hôtesse, prévenante, lui tend respectueusement la main, que la première dame… refuse ostensiblement de saisir. Elle se contente de décocher un glacial «bonjour» et passe superbement à côté d'elle, la laissant le bras en l'air ! La raison de son geste de mauvaise humeur ? C'est dans cet établissement que son époux descend souvent en galante compagnie. Ginette, à ses yeux, est donc complice…

On peut s'étonner d'une telle agressivité. On peut aussi la comprendre. Depuis des lustres, Jacques Chirac la trompe à qui mieux mieux. Depuis des lustres, elle est l'incarnation publique de l'épouse trahie. Depuis des lustres, elle croise autour de lui des représentantes du beau sexe dont il a partagé le lit. «Mais oui, bien sûr, j'ai été jalouse, reconnaît-elle sans fard dans son livre, *Conversation*. Il y avait de quoi, écoutez ! [...] Il avait un succès formidable[c]. »

Sur ce point, personne ne peut lui donner tort : non seulement Chirac est «bel homme», mais la profession qu'il exerce ajoute encore à son charme. «Avec les politiques, certaines se comportent presque comme des prostituées, souligne l'épouse d'un ancien ministre. Je me souviens d'avoir surpris une jeune journaliste prenant des poses indécentes tandis qu'elle interrogeait mon mari. J'ai eu envie de lui planter un couteau dans le dos[b] ! » Confirmation par Bernadette Chirac : «Bien sûr, les hommes politiques aiment séduire, cela fait partie de leur "métier", ce qui signifie à leurs yeux séduire d'abord le public féminin. Par ailleurs, ils sont formidablement courtisés et, lorsqu'ils ont gravi tous les échelons, les femmes tournent indéfiniment autour d'eux. C'est une réalité[d]. »

La règle est observée depuis des siècles sous toutes les latitudes : le pouvoir est aphrodisiaque, et ce dans les deux sens. À quelques exceptions près, il rend fous ceux qui l'exercent comme ceux qui l'observent. «Prononcer des discours, solliciter les suffrages semblables à des preuves d'amour, serrer des mains jusqu'à la douleur, voilà des gestes charnels, écrivent Christophe Deloire et Christophe Dubois dans l'ouvrage qu'ils ont consacré à la question. Chercher le pouvoir, c'est manifester sa virilité pour chercher la jouissance. C'est aussi confondre le corps électoral avec le corps des électrices[e]. » La « Chambre » des représentants porte bien son nom…

Pour conforter leur ego, certains élus se contentent d'un simple sourire. D'autres, comme Chirac, vont plus loin. Il n'est certes pas le seul de son espèce – voir Mitterrand, Giscard ou DSK –, mais il faut reconnaître que l'ancien maire de Paris a poussé le bouchon très loin. En Corrèze, à l'Hôtel de Ville, au RPR, dans les ministères, à l'Élysée, partout ou presque, ses collaboratrices ont éprouvé pour lui une sorte d'admiration amoureuse qu'il ne cherchait pas toujours à contrarier. D'où la fréquente hargne de Bernadette Chirac. Il ne faut pas chercher ailleurs la raison principale de ses innombrables altercations avec son mari.

# 7

## « Bernadette ! Vous voyez à quelle heure vous rentrez ? »

Le 12 mars 2002, Jacques Chirac revient à Paris après avoir tenu la première grande réunion publique de sa campagne présidentielle à Marseille. Arrivé à l'Élysée, il passe embrasser son épouse avant de regagner son bureau. « Vous avez vu les images à la télévision ?

— Oui, je les ai vues.

— Eh bien ?

— Eh bien, vous auriez pu être meilleur[a] ! »

Gloups !

Le 12 juillet 1998, jour de la finale de la Coupe du monde de football. Tout le pays rêve d'assister à ce France-Brésil de légende et le chef de l'État dispose à sa guise de la loge présidentielle. Précisément, le chef de l'État décide de n'y pas convier sa femme, préférant la compagnie de sa fille, Claude, et de l'acteur américain Gregory Peck. Bernadette, logiquement, n'apprécie pas et lui rend la monnaie de sa pièce deux jours plus tard. Le jour de la Fête nationale, elle brille par son absence dans la tribune officielle dressée place de la Concorde où défile l'armée française, tout comme à la garden-party qui suit. « Puisque je n'étais pas bonne pour voir les footballeurs, je n'étais pas bonne pour les recevoir[b]. » Et toc !

Les disputes, dans le couple Chirac, sont monnaie courante. Parfois, c'est elle qui envoie la première pique ; parfois, c'est lui qui commence. Fréquentes et hautes en couleur dans leur vie privée, elles débordent parfois sur la scène publique, en général sur un ton plus feutré. « Je me souviens d'un dîner officiel avec le président ukrainien, raconte Daniel Vaillant, l'ancien ministre socialiste de l'Intérieur. En plein repas, le Président a crié : "Apportez-nous de la vodka, et de la bonne !" Offusquée, son épouse lui a simplement répondu : "Jaaacques !" en allongeant suffisamment le "a" pour que le message soit clair[c]. »

Ces esclandres signent à leur manière l'émancipation de Bernadette Chirac. Dans les années 1960, selon leurs amis de l'époque, leurs chamailleries étaient plus rares car la jeune femme était plus effacée. Lui était devant, elle derrière, et cette iniquité semblait convenir à l'un comme à l'autre. À partir du moment où elle a revendiqué une certaine autonomie, leurs escarmouches sont devenues plus courantes.

En ce 17 octobre 1978, le tout nouveau maire de Paris reçoit la reine du Danemark et son mari. Les monarques doivent arriver d'une minute à l'autre, et tout semble prêt. Sur le perron, Bernadette Chirac patiente, aux côtés de tous les élus alignés en rang d'oignons. Tous, sauf un. Exceptionnellement, son époux menace d'être en retard. Il est encore dans son bureau, au deuxième étage, et termine un entretien téléphonique. Bernard Bled, alors adjoint au chef du protocole, est déjà venu le voir à plusieurs reprises, mais la conversation s'éternise. Bled revient à la charge, et cette fois il sonne l'alarme : Margrethe II est sur le point de sortir de sa voiture, il n'y a plus une seconde à perdre ! Chirac se lève précipitamment de son siège, descend l'escalier à toute vitesse, prend le virage à angle droit, traverse le porche en courant, passe derrière les marches, bouscule Bernadette et, comme dans un film, arrive au moment même où la souveraine franchit le dernier degré de l'escalier. Juste à temps pour s'incliner avec naturel et présenter ses hommages. «La tête de Bernadette ! Elle était blanche, se souvient Bled. Elle avait vraiment cru que son mari allait manquer l'arrivée de la reine du Danemark. On sentait qu'à la première occasion elle allait lui faire une réflexion[c].»

Cela ne manque pas. Une fois franchi le grand escalier, les cadeaux échangés, les registres signés, l'épouse contrariée se tourne vers son conjoint et lui lance avec une remarquable économie de moyens une phrase composée d'à peine quatre mots : «Jacques, plus jamais ça ! » Lequel Jacques, penaud, se gardera bien de répondre, tel un enfant pris les doigts dans le pot de confiture.

Entre eux, tout semble motif à agacement. L'oubli régulier par l'ancien président de leur anniversaire de mariage. Son autoritarisme, quand il l'empêche, lors d'un dîner d'État à Madrid, de porter la grande plaque de l'ordre d'Isabelle la Catholique que lui a décernée le roi d'Espagne[b]. Sans oublier la politique :

selon Bernadette, dont les convictions droitières sont fermes et résolues, son mari s'approche beaucoup trop fréquemment des rivages centristes, quand il ne s'aventure pas de manière inconsidérée sur les terres de la gauche…

Le tempérament anxieux de Jacques Chirac n'arrange rien. Quand sa femme doit répondre aux journalistes, l'ancien président l'assomme de conseils et de recommandations plusieurs jours à l'avance. « Ne dites surtout pas ceci », « Si l'on vous interroge sur ce point, répondez plutôt cela »… Il l'épuise tant qu'au fil des années, Bernadette a fini par trouver une astuce. « Quand je dois aller à la télévision, explique-t-elle, il a l'interdiction de me parler de la journée. Je ne veux pas le voir, je ne prends pas mon repas avec lui. Je me mets à l'écart, comme un moine, sinon, il me stresse[d] ! »

Et puis, il y a les horaires. Ah, les fameux horaires ! C'est bien simple, lui est toujours à l'heure, elle est toujours à la traîne, sauf pour sa mère – une personnalité qu'elle a toujours crainte – et pour les réceptions officielles. Quand ils sont ensemble sur le terrain, il court devant à grandes enjambées, elle trottine loin derrière, perchée sur ses talons. « Mais où est Bernadette ? » est peut-être la phrase qu'il aura le plus souvent prononcée depuis son mariage. À moins que ce ne soit : « Elle est encore en retard ? C'est une vraie tortue ! » – l'animal est même devenu le symbole de l'ancienne première dame. « Je me rappelle encore le jour de sa cérémonie d'installation, ici, à l'Élysée, en mai 1995, raconte-t-elle. Il y avait une certaine effervescence, bien entendu […] ; bref, nous nous sommes couchés très tard et mon mari me répète plusieurs fois : “Attention ! Demain, 5, 4, 3, 2, 1 ! Il va falloir être à l’heure, et à la minute près.” Il m’a tellement inquiétée que j’ai fini par lui répondre : “Écoutez, Jacques, je ne vais pas me coucher, ce sera plus simple. Au moins, vous serez sûr que je serai prête[d]” ! »

Chez lui, le rapport au temps est quasi maladif. « En voyage officiel, le Président arrivait souvent avec un bon quart d’heure d’avance, souligne l’ancien chef du protocole de l’Élysée Paul Poudade. Cela finissait par être un problème car, dans ce cas-là, il se met à tourner comme un lion en cage. Il commence à serrer des mains, à embrasser les gosses, à faire des photos... Au bout d’un moment, j’ai dû tricher un peu sur son emploi du temps pour qu’il se présente simplement à l’heure[c]. »

Non content d’être toujours exact, Chirac s’inquiète aussi pour le programme des autres. On l’a vu demander à un ami en pleine réception officielle : « À quelle heure est ton avion ? Tu es sûr que tu ne vas pas le rater ? Tu veux que je réquisitionne une voiture ? » Autant dire qu’il ne supporte pas que quiconque prenne des libertés avec la pendule. L’ancien garde des Sceaux Jacques Toubon, qui a un sérieux problème avec la ponctualité, l’a appris à ses dépens. À l’occasion d’un Conseil des ministres, excédé par sa désinvolture, le chef de l’État a carrément demandé à l’huissier de lui interdire l’entrée du salon Murat.

Non seulement les deux membres du couple ne partagent pas le même respect des horaires, mais ils n’ont pas non plus le même rythme. L’ancien président est un lève-tôt et, dès qu’il en a l’occasion, un bonnet de nuit : le soir, il n'est pas rare qu'il soit couché à 21 heures. Elle, c'est l'inverse. « Alors que j'étais ambassadeur de France à Budapest, Mme Chirac venait régulièrement assister à l'ouverture de la saison musicale en compagnie d'Eva Barre, elle-même hongroise, reprend Paul Poudade. À 2 heures du matin, je puis vous assurer qu'elle était toujours en pleine forme[c]. » Laurence Reculet le confirme : « C'est une nocturne. À Paris, on la voyait se promener dans l'Hôtel de Ville en pleine nuit. Et il n'était pas rare qu'elle commande un plateau de thé à 20 heures. Je savais alors qu'une longue soirée de travail nous attendait[c]... »

Évidemment, cette désynchronisation provoque régulièrement des étincelles. En 1974, alors qu'ils séjournent à Bity, Bernadette passe la journée à Ussel en compagnie de Françoise Limoujoux et du curé de la ville, un homme passionné par les Ventadour – une grande famille qui a généreusement fourni l'histoire locale en nobles et en troubadours. À la fin du déjeuner, l'ecclésiastique s'enhardit : « Le château des Ventadour se trouve à deux pas. Vous serait-il agréable que je vous le fasse visiter ? »

Et les voilà partis tous trois dans l'auguste demeure. L'homme d'Église est en effet passionné, et passionnant. Il connaît tout sur tout, les amours de la dynastie, l'histoire de la cité, l'architecture de la bâtisse... Tant et si bien que les heures passent sans que personne n'y prenne garde.

Le soir, quand les deux amies reviennent à Bity, il est 20 heures. Ce n'est pas si tard, mais Françoise Limoujoux a la surprise de découvrir Jacques Chirac... en pyjama. Et, visiblement, de fort mauvaise humeur.

« Bernadette ! Vous voyez à quelle heure vous rentrez ? »

Aussi, quand sa femme propose à son amie de rester dîner avec eux, celle-ci choisit prudemment de s'éclipser. Le futur Président, ce soir-là, n'est pas disposé à plaisanter... « Bernadette n'avait pas l'air impressionnée pour deux sous, mais Jacques faisait les gros yeux. Et quand Jacques fait les gros yeux, moi, je préfère ne pas insister... », confesse Françoise Limoujoux[c].

Sans doute y a-t-il dans tout cela une part de théâtre. « Ceux qui les voient ensemble assistent à un très grand spectacle, confirme François Baroin, l'un de leurs proches. Tous deux ont beaucoup de distance sur eux-mêmes. Ils adorent se provoquer, se taquiner, jouer avec leurs personnages. C'est souvent très drôle, très subtil, parfois même un peu décalé[c]. »

Bernadette Chirac surjoue ainsi la fâcherie quand, pendant ses déplacements, son mari ne cesse de l'appeler pour savoir ce qu'elle fait. Un élu qui a accueilli sur ses terres la première dame de France décrit ainsi les coups de téléphone du Président pendant sa visite. « Oui, je suis arrivée. Oui, je suis à table. Oui, vous me dérangez. Bon, je vous passe le maire[e]. »

L'un des jeux favoris de l'ancien Président consiste à choquer sa femme et sa bonne éducation, comme lors de la réception du duc d'Édimbourg par celui qui n'était encore que maire de la capitale. L'un de ses anciens collaborateurs se souvient très bien de la scène[c] : « En fin de journée, la délégation britannique se rend au concert en grand apparat, accompagnée du couple Chirac. Tout à coup, le maire remonte le cortège à contre-courant. Bernadette, évidemment, s'en étonne et s'inquiète :

— Mais où allez-vous, Jacques ?

Alors, lui, suffisamment fort pour que tout le monde entende :

— Le duc a envie de pisser. Je lui montre où sont les chiottes ! »

S'il arrive à tous les ménages de se quereller, les Chirac ont néanmoins élevé cette tradition au rang des beaux-arts et, contrairement à ce que voudraient faire croire leurs panégyristes, leurs disputes ne sont pas exclusivement empreintes de complicité et d'humour. Il y a régulièrement de véritables altercations entre eux, et pas seulement celles, parfois pitoyables, auxquelles on a assisté avec le grand âge.

C'est une scène à laquelle on ne croirait pas si elle n'était rapportée par un de leurs amis[c]. Dans un restaurant de Corrèze où ils ont leurs habitudes, les Chirac achèvent leur plat de résistance. Le patron vient alors leur proposer son plateau de fromages.

— Très volontiers, dit Bernadette.

— Ah non ! réplique son époux. Le fromage, c'est trente secondes de plaisir, mais trente ans sur les hanches !

Sa femme n'a aucunement l'intention de se laisser faire.

— À Paris, il m'interdit d'en prendre, mais ici j'en mangerai. Donnez-moi du saint-nectaire !

Non seulement le couple se dispute à haute voix, mais, quand la serveuse approche, tous deux s'accrochent au plateau, le tirant énergiquement d'un côté et de l'autre, avant que Bernadette n'obtienne finalement gain de cause… sous les yeux ébahis des autres convives.

Ainsi, dira-t-on, vont tous les couples qui durent : ils ne peuvent pas ne pas se chamailler et, en même temps, ne peuvent se passer l'un de l'autre. Peut-être… Peut-être aussi leurs querelles étaient-elles inévitables, comme semble le croire Bernadette Chirac qui, avec son sens inné du récit, rapporte cette anecdote entendue dans la famille de son époux[d]. «Mon mari était un bambin de trois ou quatre ans. Ma belle-mère le promenait dans un jardin public et ils ont croisé une petite du même âge à peu près. Il se trouve qu'elle s'appelait Bernadette. Lui voulait avec insistance l'embrasser, elle le repoussait en disant : “Jacques, tu m'uses.” »

Et de conclure : «C'est le terme : franchement, il est parfois usant ! »

# 8

## «Mon mari n'est pas un spécialiste de la félicitation conjugale»

«Vous ratez tout et vous faites tout rater aux autres!» La condamnation, émise par Jacques, a été signifiée à Bernadette quelques années à peine après leurs épousailles. Quarante ans plus tard, elle s'en souvient encore. C'est «une de ces phrases prononcées sous le coup de la colère et oubliées le lendemain, mais je ne l'ai pas oubliée, moi», confie-t-elle à Patrick de Carolis en 2001[a]. Avant d'ajouter : «Vous savez, lorsque vous avez entendu cette phrase une fois, si vous avez un tant soit peu d'amour-propre, vous essayez de la faire mentir.» Cela tombe bien, de l'amour-propre, l'intéressée en a à revendre.

Depuis ce jour, elle a donc tenté avec application de faire mentir son homme, sans grand succès, la plupart du temps. «Mon mari, dit-t-elle avec un art consommé de la litote, n'est pas un spécialiste de la félicitation conjugale.» Elle s'en plaint régulièrement. Elle en souffre, aussi. «Toute sa vie, elle a rêvé que son époux reconnaisse ses mérites, ce dont il s'est toujours gardé», remarque la journaliste Catherine Nay[b].

Elle s'est donné du mal, pourtant. Elle a joué avec maestria les premières dames à l'Élysée, pris son relais en Corrèze, visité toute la France pour collecter des pièces jaunes... Bilan? Rien, *nada*, motus, pas un mot de reconnaissance de sa part. Pire, quand elle maugrée, il trouve le moyen de lui asséner : «Cela vous a évité de devenir une femme futile[c].» Alors, elle tente d'en prendre son parti : «Je sais pourtant qu'il aime bien les choses que je fais. Quand je vais dans les hôpitaux, sur le terrain, je sais qu'il est fier de moi, mais il a du mal à me le dire. Toujours la pudeur[d]...»

L'ancien président n'est pourtant pas un handicapé du compliment. La preuve, quand il s'agit de tiers, il n'en est pas avare. Le mari incapable de dire bravo à sa légitime multiplie les dithyrambes quand il s'agit de Juppé ou de Villepin. On l'a même vu adresser des messages de félicitations à certains enfants de ses collaborateurs, reçus brillamment au bac. C'est avec Bernadette, et elle seule, qu'il paraît bloqué. Reste à comprendre pourquoi.

Selon certains de leurs proches, il s'agirait simplement d'un jeu; non seulement Jacques Chirac prendrait un malin plaisir à ne jamais congratuler son épouse, mais il en rajouterait dans l'autre sens, parfois avec humour. Ainsi, lorsqu'elle lui demande : «Eh bien, comment allez-vous me remercier?», il lui réplique : «Je vous accorde toute ma considération, Bernadette, la plus distinguée. Il y a peu de gens qui en bénéficient ! »

Bernard Bled, par exemple, partage ce sentiment. «À l'extérieur, Jacques Chirac dit qu'il est très fier de sa femme. Je l'ai souvent entendu déclarer (il l'imite) : "Ehhh, elle est quand même formidable !" Mais il ne le lui dit jamais. C'est un truc entre eux. Ils ont joué au chat et à la souris toute leur vie, comme Tom et Jerry. Mais je vous pose la question, que deviendrait Tom sans Jerry et Jerry sans Tom ? »

Un jeu ? Peut-être, mais alors un jeu bien cruel. Car pour elle, il équivaut à un supplice. «Bernadette est folle de son Jacques, comme une épouse qui se sent délaissée. Elle a toujours cherché à l'épater, et lui a toujours fait semblant de ne pas l'être», souligne Denis Tillinac, leur ami écrivain[b].

Cette règle ne souffre que de rares exceptions. En 2009, interrogé à la télévision par Michel Drucker lors de son émission *Vivement dimanche*, Chirac concède : «Je trouve que ma femme a raison quand elle affirme qu'elle a eu beaucoup de chance de m'épouser. Mais pour dire la vérité, la réciproque est également vraie.» Rien de vraiment spontané, toutefois, dans cet hommage contraint : difficile de passer pour un mufle lors d'une émission de grande écoute.

Passons rapidement sur d'autres exercices obligés, comme ses Mémoires (un cadre très artificiel) ou cette déclaration à *Paris Match,* en 2002 : «Elle est mon alliée la plus précieuse. Elle m'aide beaucoup et je lui en suis très reconnaissant.» L'hommage, ici, relève en partie du calcul. Chirac, mal embarqué dans la campagne pour sa réélection, mise sur elle pour lui apporter les voix conservatrices. Non, si l'on veut repérer un éloge authentique et sincère, il faut le chercher ailleurs.

Lorsque Bernadette Chirac a créé à Paris la Maison de Solenn, dédiée aux adolescents anorexiques (la maladie de leur fille Laurence), son mari n'a pas seulement suivi l'affaire de près. Il a également confié à son épouse : « C'est très bien[a]. »

Pas grand-chose, certes, quelques mots à peine. Mais ce jour-là, Bernadette a eu le sentiment que la condamnation prononcée au lendemain de leur mariage venait d'être commuée.

## 9

## « Tous les pouilleux de Tulle vont venir m'importuner ! »

Dieu sait pourtant si Chirac peut, quand il le souhaite, paraître sympathique ! Ce n'est certes pas Georges Delord qui dira le contraire. Cet homme qui fut longtemps le patron du Limouzi, à Tulle, connaît bien l'ancien président. Pendant des années, c'est dans son hôtel que celui-ci est descendu lorsqu'il avait des réunions à la préfecture de Corrèze – c'est-à-dire quasiment toutes les semaines. Il se souvient : « L'un de mes frères est mort très jeune, victime de la maladie de Charcot. C'était affreux, car ses muscles s'atrophiaient ; les dernières années, il ne pouvait plus marcher et parlait avec difficulté. Un jour, il m'a dit : “Écoute, Georges, je vais mourir bientôt, mais avant de partir, il y a une chose qui me ferait plaisir. Je sais que Jacques Chirac vient souvent chez toi. Je voudrais lui serrer la main.” Je lui ai promis de m'en occuper et, la semaine suivante, j'en ai parlé à Jacques Chirac, qui m'a répondu aussitôt :

— Mais… je ne savais pas que votre frère était malade. Je vais le voir tout de suite !

— C'est impossible, il habite assez loin d'ici.

— Dans ce cas, la prochaine fois que je viens à Tulle, amenez-le à l'hôtel. J'aménage mon programme et je resterai avec lui tant qu'il voudra.

La semaine suivante, reprend Georges Delord, j'ai installé mon frère dans la grande salle du restaurant. Jacques Chirac est venu, il lui a parlé, l'a pris entre ses bras et a discuté avec lui environ une heure. Mon frère en a pleuré. Sa fin de vie en a été apaisée[a]. »

Des dizaines de personnes ont vécu des expériences semblables. Dès qu'elles ont rencontré un pépin de santé, traversé une épreuve, pleuré un disparu, Chirac est accouru. « Quand il a appris que je me trouvais au Val-de-Grâce, il est venu me voir dès la fin du Conseil des ministres », souligne son vieil ami Pierre Mazeaud[a]. « Le jour où mon père est mort, il m'a aussitôt téléphoné », se remémore Olivier Stirn[a]. « Je suis resté au centre hospitalier intercommunal de Poissy du 4 au 21 septembre 1994 pour une leuco-encéphalite, complète l'ancien ministre Pierre Bédier. Jacques Chirac, qui avait pourtant un emploi du temps chargé, est venu par deux fois me rendre visite[b]. »

Un livre entier ne suffirait pas à décrire les scènes où Chirac fait preuve de chaleur humaine. « Il aime vraiment la vie et, quand on aime la vie, on aime les gens. Chez lui, cela explique tout, son succès auprès des hommes comme auprès des femmes », affirme son ancien ministre Dominique Perben[a]. Pierre Mazeaud est du même avis. « Un jour, je l'accompagnais en Corrèze. Alors que nous traversions un village, il a aperçu un homme dont un enfant se trouvait à l'hôpital. Sur-le-champ, il a ordonné à son chauffeur de s'arrêter, est allé vers le type, et lui a lancé : “Tu ne m'avais pas dit que ta fille était malade ! Ce n'est pas bien.” Le soir même, l'enfant recevait des fleurs à l'hôpital et un petit mot gentil[a]. »

Bien sûr, ce sont là des attentions qui créent des fidélités électorales. Bien sûr, il y a aussi chez lui une part d'artifice. Ses collaborateurs repèrent ainsi à l'avance qui se trouve sur son chemin et lui glissent des informations personnalisées : « Untel a sa mère souffrante », « tel autre vient d'avoir des jumeaux ». Une fois à leur hauteur, il les aborde d'un « Comment va ta maman ? » ou d'un « Félicitations pour ta grande famille ». La combine marche à tous les coups. « C'est un truc qu'il a copié sur de Gaulle, raconte Franz-Olivier Giesbert. Quand il l'a rencontré pour la première fois, le général lui a posé des questions si précises qu'il en a été impressionné. Il a retenu la leçon[a]. »

On se tromperait toutefois lourdement en réduisant l'attitude de Chirac à une forme de cynisme purement intéressé. « J'ai passé des vacances avec lui en 1962 à Sainte-Féréole, raconte l'une de ses amies. Il n'était pas élu, à l'époque, et n'envisageait pas de l'être. Eh bien, dès qu'il sortait, il parlait avec tout le monde, et l'on voyait bien que c'était spontané[a]. » « Je l'ai accompagné en voyage officiel au Mali, confirme Olivier Stirn. Il se comportait de la même manière qu'en France, sans qu'on puisse le soupçonner de chercher à recueillir des voix[a]. »

La journée du 6 juin 2004 en offre une autre illustration. En cette date solennelle, on célèbre avec faste le soixantième anniversaire du débarquement en Normandie. Il y a là, entre autres, la reine d'Angleterre, le président américain Georges Bush, son homologue russe Vladimir Poutine, le chancelier allemand Gerhard Schröder. Entouré des grands de ce monde, le chef de l'État français, on s'en doute, a un tout petit peu de travail. Cela ne l'empêche pas de se pencher sur un incident dont on l'informe en fin de journée : un vétéran américain a manqué son train pour Paris. «J'ai voulu revoir le lieu exact où j'ai débarqué et je me suis perdu», explique le vieil homme. Que fait Chirac ? Il propose illico qu'on le ramène dans la capitale dans… l'avion présidentiel. Et pendant le vol, fidèle à son habitude, il le prend par l'épaule en lui suggérant : «On fait une photo[c] ?»

La plupart de ses proches en sont convaincus, à la différence d'un Juppé ou d'un Sarkozy, Chirac serait vraiment comme ça, doué d'un goût inné pour la relation humaine. «Il donne toujours le sentiment à son interlocuteur qu'il lui accorde de l'importance, souligne son amie Marie-Thérèse François-Poncet. C'est une qualité qu'il travaille, mais qui correspond à sa nature profonde.»

En comparaison, c'est peu dire que son épouse semble moins douée pour ce type d'exercice. «Elle a plus de chances de battre Usain Bolt au 100 mètres que de paraître plus sympa que son mari», s'amuse un proche.

Le 7 novembre 2009, Jacques Chirac dédicace le premier tome de ses Mémoires à la Foire du livre de Brive, lors d'une matinée qui manque de tourner à l'émeute. La séance de signature terminée, il gagne Tulle pour déjeuner avec François Hollande, président en titre du département, et sa compagne d'alors, Valérie Trierweiler. En sortant du restaurant, l'ancien président, toujours heureux d'être en compagnie d'une jolie femme, converse avec la journaliste de *Paris Match*. Bernadette Chirac marche devant lui – une fois n'est pas coutume – quand elle est abordée par un couple accompagné de deux enfants.

« Pardon de vous déranger, madame Chirac, mais nous avons beaucoup d'admiration pour vous. Nous habitons votre canton et glissons toujours votre bulletin dans l'urne. Vous êtes si dévouée ! Vous nous apportez tellement ! Nous serait-il possible de prendre une petite photo avec vous ? »

Difficile, en la matière, de tomber sur des Corréziens mieux disposés. Et pourtant, rien ne va se passer comme prévu.

Bernadette Chirac commence par les dévisager sans leur adresser le moindre mot. Au contraire, elle se tourne vers un collaborateur de son mari et lui décoche, tranchante :

« Vous voyez, c'est à partir de cette heure-là que tous les pouilleux de Tulle vont venir m'importuner. »

Stupeur dudit collaborateur.

Avec beaucoup de professionnalisme, ce dernier a toutefois la présence d'esprit de simuler un rire franc, pour tenter de faire croire à une plaisanterie, avant de s'emparer de l'appareil photo et de saisir l'instant. Peine perdue, sur l'image, plus contrariée que jamais, Bernadette Chirac tourne ostensiblement son regard dans la direction opposée à la famille...

Là non plus, un livre ne suffirait pas pour décrire les situations où l'ancienne première dame rabroue ses interlocuteurs, fussent-ils les mieux intentionnés.

Lors de la très mondaine battue de Chambord de l'hiver 2002-2003, elle est ainsi d'une humeur massacrante. Roselyne Bachelot, alors ministre de l'Écologie, s'en souvient encore avec étonnement : « Avec un plaisir sadique, elle commençait toutes ses phrases par : "Mon mari, qui déteste la chasse…" Avant d'observer avec attention l'embarras que provoquaient ses propos parmi la fine fleur cynégétique française[a]. »

Tout au long de la journée, plusieurs invités subissent ses foudres. Alors que l'ancien directeur de cabinet de son conjoint, Bertrand Landrieu, s'apprête à la saluer, elle détourne le regard et lance à un tiers : « Qu'est-ce qu'il fait là, le préfet d'Île-de-France ? Il n'a pas de travail ? » Catherine Pégard, du *Point,* est gratifiée pour sa part d'un très aimable : « Et elle ? Depuis quand invite-t-on des journalistes à la chasse ? » Quant au député du cru, Patrice Martin-Lalande, qui vient s'excuser de ne pouvoir rester après le déjeuner, elle lui lance avec perfidie : « Je comprends, monsieur. Vous avez sans doute beaucoup mieux à faire que d'accompagner l'épouse du président de la République. »

« Selon les jours, elle peut se montrer charmante ou glaciale, reconnaît l'ex-ministre de la Culture Christine Albanel. Je me souviens, en 1986, d'un jeune conseiller de Matignon qui avait des attaches en Corrèze. Il en avait informé Bernadette Chirac lors d'une réception, pensant qu'il serait ainsi remarqué. Mal lui en a pris. Celle-ci, qui n'aime guère les courtisans, lui a répondu : "Mais, monsieur, je vais dans ce département par devoir. Je ne suis pas concernée par vos liens avec la Corrèze !" Le pauvre type en est resté mortifié[a]. »

C'est une règle chez elle, elle adore déstabiliser. Du temps de l'Élysée, elle s'amusait parfois à téléphoner à l'improviste dans un magasin en se présentant ainsi :

« Je suis Madame Jacques Chirac. Vous voyez qui je veux dire ? L'épouse du président de la République. »

On imagine la tête du pauvre commerçant…

En fait, il s'agit souvent d'un test, elle veut savoir qui elle a en face d'elle. Et, dans ce cas, mieux vaut être pourvu d'un bon esprit de répartie.

C'est heureusement le cas de Daniel Rivassou. Électricien, poète à ses heures, il a exercé ses talents dans la résidence de loisir des Monédières, un ensemble de 71 chalets de tourisme implantés au cœur du canton de la conseillère générale de Corrèze. Il raconte :

« Un jour, je reçois un appel téléphonique de sa collaboratrice, qui m'annonce :

— Mme Chirac veut s'assurer que tout est prêt dans le chalet-témoin.

Quand elle arrive sur place, je sens qu'elle est déjà un peu énervée.

— Ah, c'est vous, le fameux Rivassou ?

— Oui, madame.

— Vous savez que l'inauguration est très proche ?

— Oui, madame, je le sais.

— Et si je comprends bien, rien n'est prêt.

J'étais surpris, car ce n'était pas le cas, mais je ne me suis pas laissé démonter :

— Madame, il y a en effet peut-être un petit problème.

— Ah, vous voyez ? J'en étais sûre ! C'est incroyable ! Et quel est ce problème ?

— Madame, le chalet est impeccable, mais nous avons oublié de mettre le champagne dans le réfrigérateur pour fêter cela.

Elle m'a regardé d'un air un peu interloqué, mais elle a éclaté de rire et tout a été réglé[a]. »

Elle procède de la même manière en 2012 avec Hugues Renson, un conseiller de son mari à qui elle reproche de vouloir voter pour Hollande à la présidentielle : « Si votre candidat passe, je sauterai par la fenêtre ! » le prévient-elle. Ce à quoi Renson lui répond : « De vous à moi, je préfèrerais qu'il passe, car si Sarkozy est élu, c'est moi qui devrai sauter ! » Là encore, elle a apprécié et est partie d'un grand éclat de rire[a].

De fait, elle ne respecte que ceux qui lui tiennent tête, mais elle peine à comprendre que certains se trouvent dans une situation de trop grande vulnérabilité pour le faire, comme l'illustre la mésaventure survenue à un garde républicain peu après son entrée à l'Élysée.

Le novice avait été affecté à ce que l'on appelle alors « l'aile Madame », et ce qui devait arriver arriva. Quelques jours après son arrivée, Bernadette Chirac lui demande d'apporter un pli à un collaborateur.

— Bien, madame, je m'en occupe immédiatement, répond celui-ci avec un peu trop d'empressement.

Fine mouche, la première dame constate qu'il ne semble pas très à l'aise.

— Vous savez où se trouve le bureau de ce conseiller, naturellement ?

— Oui, madame.
— Pourtant, vous venez d'arriver ?
— Oui, madame.
— Et néanmoins, vous savez déjà où il travaille ?
— Oui, madame.
— Très bien. Je vous suis.

Le pauvre garde, évidemment, ignore tout de la géographie des lieux, mais, compte tenu de la réputation de la première dame, avait cru préférable de ne pas l'avouer, prévoyant de se renseigner ultérieurement auprès de ses collègues. Faute lourde. Il a été immédiatement affecté à un autre service…

Bernadette Chirac ? Un grand sens de l'humeur…

# 10

# « Elle est dure parce que la vie a été dure avec elle »

On pourrait s'en tenir là, se contenter de décrire un Jacques amical et une Bernadette acariâtre. On le pourrait d'autant plus qu'il y a du vrai dans cette présentation. Cependant, la situation est nettement moins caricaturale.

D'une part, il arrive à l'ancienne première dame de se montrer sous un jour plus avenant. Elle qui n'aime pas beaucoup Alain Juppé n'a ainsi pas hésité à passer une après-midi entière à la maternité auprès de sa seconde femme, Isabelle, au moment de la naissance de leur fille Clara, en 1995. À l'Élysée, le jour où elle a appris que le gendarme de faction à la grille du Coq passait ses nuits sur une chaise, elle a fait en sorte qu'on lui achète un fauteuil-lit, afin de rendre sa garde moins éprouvante[a]. Par une froide journée d'hiver, à l'occasion d'une tournée dédiée à ses fameuses pièces jaunes, on l'a également entendue répondre au maire d'une grande ville qui lui proposait un thé à sa descente du train : « Vous n'y pensez pas ! Les enfants attendent depuis des heures dans le froid. Ne les laissons pas plus longtemps patienter[a]. »

Comme son mari, elle fait preuve d'une grande attention à l'égard des malades et des familles en deuil. En 2005, malgré son agenda surchargé de première dame, elle a absolument tenu à assister à l'enterrement de la principale du collège de la ville de Corrèze, emportée à cinquante-deux ans par un cancer. Onze ans plus tard, après avoir appris le décès de Laurence, la mère de cette fonctionnaire, reconnaissante, lui adressera d'ailleurs une lettre de condoléances ainsi rédigée : « Ma fille est partie voilà onze ans. Je me souviens de votre présence lors de ses obsèques et des mots que vous aviez su trouver à l'époque. Je n'imaginais pas ne pas vous manifester ma solidarité aujourd'hui. »

Elle semble aussi prendre plaisir à côtoyer les plus humbles, comme elle le relate avec sa verve coutumière. « Un jour, pour aider notre candidat Raymond-Max Aubert dans sa campagne électorale à Tulle, j'ai décidé de l'accompagner dans la grande tour de logements qui domine la ville basse. Comme il y a pas mal d'étages et au moins quatre logements par palier, il faut du temps pour les visiter tous, mais bon… Dring, je sonne au premier appartement. La porte s'ouvre : "Oh ? C'est madame Chirac ! Asseyez-vous, on va boire quelque chose." Et les gens me reçoivent dans leur cuisine. Au bout de deux ou trois étages, les habitants de l'immeuble comprennent qu'il se passe quelque chose. On entend : "Viens voir ! Mme Chirac est là." »

Elle poursuit : « Figurez-vous que cet immeuble est habité essentiellement par des communistes. Eh bien, voyez-vous, cela ne veut rien dire. Si vous avez un bon contact humain, si vous vous intéressez aux gens, si vous leur parlez de leurs problèmes d'emploi, de transports, d'enfants, ils changent d'avis sur vous, et c'est cela qui est formidable. Partout, j'ai été reçue triomphalement[b].»

Suivre Bernadette Chirac en Corrèze est un spectacle étonnant. Cette femme habituée à résider dans les plus beaux quartiers de Paris, cette première dame si intraitable sur l'étiquette, cette grande bourgeoise élevée dans des châteaux de province a la singulière capacité de paraître à l'aise avec les paysans et les ouvriers sans se départir de son maintien aristocratique.

«La force de Bernadette Chirac est d'être capable d'échanger avec Mme Michu comme avec une marquise dont les ancêtres ont participé aux croisades au côté de Godefroy de Bouillon, renchérit Bernard Bled avec un sens prononcé de la formule. À l'Hôtel de Ville, elle allait souvent prendre le thé chez la concierge qui la recevait au milieu de ses plantes vertes et de ses napperons crochetés à la main. Cela ne lui posait aucune difficulté[b].»

Tout aussi étonnante est sa relation avec Xavière Tiberi. D'origine modeste – ses parents étaient commerçants à Corte –, l'épouse du successeur de Jacques Chirac à la mairie de Paris n'a pas vraiment assimilé, c'est une litote, toutes les recommandations du *Manuel du savoir-vivre* de la baronne Nadine de Rothschild. Et pourtant, toutes deux se sont toujours entendues à merveille. «Quelque chose s'est passé entre elles, confirme Jean Tiberi. Xavière a accueilli Mme Chirac lorsque son mari s'est présenté à Paris, en l'accompagnant dans les quartiers qu'elle ne connaissait pas encore. De son côté, ma femme a apprécié de voir l'épouse d'un ancien Premier ministre s'intéresser à des problèmes quotidiens que certains considèrent comme secondaires – et qui ne le sont pas[b]. »

Il faut donc déceler, derrière l'aspérité dont l'ancienne première dame fait souvent preuve au premier abord, une forme de protection. « Elle n'est pas méchante, elle est dure. Elle est dure parce que la vie a été dure avec elle », estime Paul Poudade, qui fut le chef du protocole de l'Élysée entre 2001 et 2004 et a vécu au plus près du couple présidentiel pendant trois ans[b]. Une éducation sévère, un conjoint volage, une fille dépressive : le destin, en effet, ne lui a pas seulement réservé les ors des palais de la République. Sa rugosité coutumière en découle en partie, même si elle capable, on l'a vu, de se montrer plus avenante lorsqu'elle se sent en confiance.

Lucide, elle n'a aucunement l'outrecuidance de se comparer à son mari en termes de relations humaines. « Oh, lui, c'est un as », s'extasie-t-elle en levant les yeux au ciel, consciente de vivre à côté d'une sorte de Mozart de la poignée de main[b]. Mais enfin, elle est persuadée de n'être pas tout à fait manchote dans ce domaine.

Est-ce si simple ? Non, bien sûr. « Si elle est à l'aise dans les cours de ferme, c'est parce que les gens savent qui elle est et l'abordent comme telle. Elle est charmante si chacun reste à sa place et lui marque la considération à laquelle elle considère avoir droit », relève avec subtilité le journaliste Alain Duhamel[b].

«Le Sud-Ouest radical est hiérarchique, confirme en connaissance de cause Marie-Thérèse François-Poncet, qui a fait carrière avec son conjoint dans le Lot-et-Garonne. On y respecte l'ordre social. Quand, en Corrèze, apparaît une personnalité comme Bernadette Chirac, les gens modestes ont le sentiment qu'une bénédiction leur tombe du ciel[b].» Interprétation corroborée par Jean-Pierre Dupont, l'ancien président (Les Républicains) du conseil général : «Quand elle vient dans le département, elle prend sa vieille voiture, met ses vieux vêtements et chausse des bottes pour emprunter les chemins boueux. C'est sa manière à elle de dire : "Je suis près du peuple." Mais ce n'est qu'une image. Au fond, elle est comme tous les aristos qui veulent bien s'occuper des petites gens, à condition qu'ils respectent l'ordre social et lui parlent comme à une grande dame[b].»

C'est aussi une femme qui a besoin de temps pour jauger son interlocuteur. D'emblée, par principe, elle se montre méfiante et affiche sa réserve. Son mari, au contraire, en rajoute dans l'empathie démonstrative et la cordialité ostensible. Nombreux sont ceux qui s'y laissent prendre. «Il est très difficile de prétendre que l'on connaît Chirac, il se protège toujours sous une carapace, reconnaît Hugues Renson, qui a notamment travaillé avec lui après 2007, quand l'éloignement du pouvoir et la maladie l'ont rendu à la fois plus accessible et plus fragile. Il se montre bienveillant, attentionné, il est tactile, il vous montre physiquement son intérêt, mais on ne sait jamais ce qu'il pense vraiment[b].»

Car Chirac n'est pas seulement le type chaleureux que l'on présente souvent. Autant il sait faire montre de jovialité et de cordialité avec le tout-venant, autant il peut devenir brutal, voire impitoyable, dès que son intérêt est en jeu. De Jacques Chaban-Delmas à Édouard Balladur en passant par Valéry Giscard d'Estaing et Charles Pasqua – entre autres –, la liste de ceux qu'il a allègrement poignardés tout au long de sa vie politique le démontre amplement.

On le sait moins, mais c'est également un ingrat, capable de laisser tomber sans vergogne ceux qui peuvent le gêner, même s'ils l'ont toujours servi avec loyauté. Prenez Jean Tiberi. Voilà un homme qui a fait liste commune avec lui dès 1977 dans «son» Ve arrondissement – alors que Chirac le Corrézien avait besoin d'un point de chute confortable pour conquérir la capitale – et où, jusqu'en 1995, il a toujours été élu. Voilà un homme qui a accepté de devenir son fidèle second, avant de le remplacer à la mairie de Paris après son entrée à l'Élysée. Voilà un homme qui lui a toujours été fidèle et dévoué. Et alors? Dès que les «affaires» dévoilant les dessous du système Chirac sont sorties, le nouveau président s'est rapidement fait une raison : ce Tiberi ferait un parfait bouc émissaire.

Il lui arrive même d'oublier ceux qui ne le menacent en rien, mais qui, simplement, ne lui sont plus d'aucune utilité. «Je n'ai jamais été invité à déjeuner à l'Élysée pendant son quinquennat», s'étonne, un peu meurtri, Antoine Rufenacht, qui fut son efficace directeur de campagne pendant la présidentielle de 2002[b]. «Chirac, quand il t'a trouvé la bête de somme, il te la pousse, il te la presse jusqu'à l'épuisement total, complète l'ancien ministre Jacques Toubon. Après, il passe à autre chose[c].»

Sous des dehors affables, Chirac est en réalité un être profondément égocentrique. Un fils unique, qui ne s'est jamais vraiment remis d'avoir été l'objet de l'adoration de sa mère; un chef de famille entouré de femmes tout à sa dévotion; un politicien disposant d'une armée de collaborateurs à son service.

Il faut dire que ce drôle de paroissien, à la fois individualiste et chef de bande, a un talent rare, il sait fédérer autour de lui des attachements qui tournent parfois au sacrifice. Michel Roussin, par exemple, lui a tout pardonné. Pourtant, ce fidèle lieutenant a lui aussi été abandonné quand il a eu maille à partir avec la justice dans l'affaire des HLM de la Ville de Paris et dans celle des marchés publics des lycées d'Île-de-France. «Sur le moment, je lui en ai voulu. Aujourd'hui, je l'ai compris. Il m'a lâché, c'est vrai, mais quand on veut être président de la République, on se donne tous les moyens pour atteindre son but; peu importent les dommages collatéraux. Moi, je n'ai été qu'un dommage collatéral. Il me connaissait suffisamment pour savoir que je ne dirais rien[b].» Dans la longue carrière de Chirac, il y a eu des dizaines de Roussin.

Alain Juppé, notamment. Le maire de Bordeaux n'a pas dit un mot contre lui lors du procès sur les emplois fictifs, qui lui valut pourtant d'être condamné en appel à une peine d'inéligibilité de un an – synonyme, croit-il alors, de mort politique. Oh, bien sûr, Chirac, toujours sujet à la culpabilité, multipliera à son égard les gestes d'amitié. Mais jamais l'ancien chef de l'État n'aura le courage d'assumer vraiment ses responsabilités, d'esquisser le geste qui, seul, aurait permis de sauver son ancien adjoint.

Sympathique, Chirac ? Sans doute. Du moins tant que cela ne lui coûte rien.

# 11

## « Choisissez quelque chose, je vous l'offre ! »

Depuis cinquante ans, la silhouette onctueuse de Raymond Soubie a été régulièrement aperçue dans les allées du pouvoir. De brillantes études, une connaissance experte du syndicalisme, de l'entregent dans les milieux politiques, une passion pour l'opéra et la musique classique, une urbanité qui rend son commerce toujours agréable. Au fil des gouvernements, il s'est imposé comme une figure reconnue et avenante de la V^e^ République.

Entre 1974 et 1976, Raymond Soubie occupe le poste stratégique de conseiller social à Matignon. Il a été frappé par un entretien que lui a rapporté l'un de ses collaborateurs confronté à un drame personnel, le décès subit de sa jeune épouse. Il raconte[a] :

« Jacques Chirac l'a convoqué et lui a dit ceci :

— J'ai appris que vous aviez perdu votre femme et que vous aviez trois enfants en bas âge.

— C'est exact, monsieur le Premier ministre.

— Comment allez-vous vous débrouiller ?

— Je l'ignore.

— Eh bien, écoutez. Je vais m'occuper de vos enfants tant qu'ils seront jeunes, mais je vais vous demander expressément une chose : n'en parlez à personne. » L'intéressé, surpris et reconnaissant, ne sut que répondre à ce Premier ministre si attentionné…

En 1977, les journées parlementaires du RPR se déroulent dans un superbe hôtel des Baux-de-Provence, agrémenté de quelques boutiques de luxe. Le soir, Jacques Chirac dîne avec les représentants de la presse. Avant la fin du repas, le nouveau maire de Paris ne manque pas de distribuer un présent à toutes les femmes de l'assistance : un peignoir à l'une, un service à thé à l'autre, du parfum à une troisième. Cadeau !

En 2013, l'ancien président se trouve dans le hall d'accueil du domaine des Monédières, situé en Corrèze, dans le canton de son épouse. Une famille de vacanciers entre. Aussitôt, il s'approche d'elle, indique aux enfants la vitrine où se trouvent diverses babioles et leur propose : « Choisissez ce que vous voulez, je vous l'offre[a]. »

On pourrait continuer ainsi des heures, les témoignages concernant les largesses de l'ancien chef de l'État sont légion. Il distribue de superbes pourboires dans les restaurants, insiste pour que l'on serve le meilleur vin à ses invités, multiplie les attentions à l'égard de ses collaborateurs. Sa réputation en découle : Jacques Chirac ne serait pas un homme d'argent. Écoutons par exemple l'éditeur et historien Jean-Luc Barré, avec lequel il a rédigé ses Mémoires. « C'est un sujet qui ne l'intéresse pas. Quand j'ai évoqué avec lui la question des droits d'auteur, il m'a simplement répondu : "Voyez avec ma femme[a]." » Écoutons aussi le journaliste Philippe Alexandre, qui le connaît depuis 1956 (les deux hommes ont effectué leur service militaire ensemble) : « Chirac n'est pas intéressé par l'argent. Il a toujours éprouvé une grande indifférence à son égard[a]. » Écoutons enfin Hugues Renson, qui a travaillé avec lui de 2003 à 2012 : « Après son départ de l'Élysée, on lui a proposé de donner des conférences rémunérées, comme le font d'anciens chefs d'État. Il a fermement refusé[a]. »

C'est une litote : côté picaillons, son épouse ne jouit pas exactement de la même considération. Au contraire. « Je l'ai encore entendue se plaindre récemment de sa voiture de fonction, qu'elle trouve "moche", selon son expression. Elle oublie tout de même qu'elle lui est offerte gracieusement par la République ! » s'offusque ainsi l'une de ses amies[a]. Comme l'a rapporté la journaliste Béatrice Gurrey[b], elle a également refusé de payer la fête organisée pour les quatre-vingts ans de son mari dans les locaux du conseil constitutionnel par Jean-Louis Debré, son ancien président. Quant à ses proches collaborateurs, ils sont formels : elle « compte ses sous avec attention », « gère au plus près son patrimoine familial » et « exige une photocopie de tous les chèques qu'elle signe[a] ».

Aussi les deux membres du couple Chirac ont-ils dans ce domaine deux images parfaitement antinomiques : autant Jacques serait désintéressé, voire prodigue, autant Bernadette aurait des faux airs d'Harpagon. Un constat qui, sans être tout à fait inexact, mérite d'être sérieusement nuancé.

L'ancien président, nul ne peut le contester, est d'un naturel généreux. Le problème est qu'il l'est souvent avec l'argent des autres. Il faut dire qu'il a pris de mauvaises habitudes très tôt : en 1967, pour sa première campagne électorale, c'est le richissime industriel Marcel Dassault qui le prend sous sa protection (il espère en faire un ministre de l'Aviation civile au service de ses intérêts) et lui ouvre son portefeuille, qu'il a replet. Une bénédiction pour le jeune politicien, qui peut ainsi « payer » des tournées dans les cafés, disposer de voitures, de collaborateurs, et même d'un journal électoral, *L'Essor du Limousin*. Pourquoi s'arrêter là ? « Un jour, raconte le journaliste Philippe Alexandre, précisément chargé à cette époque de rédiger la propagande du candidat, Chirac a voulu acheter une imprimerie à Limoges plus ou moins en faillite, pour faire une fleur à des gens qui pouvaient le servir. Ce n'était pas nécessaire et je l'ai dit à Dassault, mais celui-ci m'a répondu : "Faites ce qu'il souhaite." Et il a réglé la note[a]... »

Une fois élu, l'ambitieux ne se posera jamais de questions superflues avant d'utiliser l'argent de la collectivité. Député de Corrèze, il fait continuellement le siège de tous les ministères pour exiger que l'on embellisse telle école ou telle départementale située dans sa circonscription – ce qui fera dire à sa conseillère de l'époque, Marie-France Garaud : « Quand on arrive sur le plateau de Millevaches, il faut penser à lever le pied : il y a quinze centimètres de goudron en trop sur les routes ! »

Très vite, il devient aussi le champion incontesté du « chapitre 67-51 ». Inconnue du grand public, cette subvention de l'État, réservée à l'investissement des communes, offre le formidable avantage d'être gérée de manière discrétionnaire par le ministère de l'Intérieur. Autant dire que, lorsque son camp est au pouvoir, Chirac la considère comme une tirelire à sa disposition. À Chaveroche, à Saint-Angel, à Saint-Exupéry-les-Roches, une pluie de subsides venus de Paris tombe avec une merveilleuse régularité sur les salles polyvalentes et les terrains de sport de la haute Corrèze. « Quand un maire avait un projet, il sollicitait d'abord les aides habituelles, puis, quand cela ne suffisait pas, il demandait à Chirac d'actionner le 67-51 », résume son bras droit corrézien Jean-Pierre Dupont[a]. En mars 1995, ne reculant devant rien, il octroie carrément l'équivalent de 100 000 euros actuels à un projet situé dans la commune de… Sarran, celle-là même dont Bernadette est l'élue. Pourquoi se gêner ?

C'est naturellement à la tête de l'opulent hôtel de ville de la capitale que Chirac a pu donner sa pleine puissance. En 1978, un an à peine après son élection, il accorde une subvention devenue célèbre à la fondation Claude-Pompidou pour les personnes âgées et handicapées – dont il est par ailleurs le trésorier. Son but caché ? Permettre à celle-ci d'acheter un terrain mitoyen de sa propriété de Bity, où deux projets menaçant la tranquillité de son lieu de vacances sont à l'étude : la mise en place d'une microcentrale électrique et/ou l'installation d'un centre de colonie de vacances pour des gamins de banlieue[c]. Utiliser les impôts des Parisiens pour préserver la quiétude de sa résidence secondaire ne lui pose aucun problème de conscience.

Le même type de filouterie a longtemps profité à sa fille, Claude, heureuse locataire pendant des années d'un très bel appartement de 189 mètres carrés orné d'un jardin. Situé rue du Bac, dans l'un des plus beaux quartiers de la capitale, il lui était néanmoins proposé à un prix défiant toute concurrence. Pur hasard sans doute : le propriétaire peu exigeant n'était autre qu'une société immobilière dépendant *in fine* de la Ville de Paris[d].

Chirac n'hésitera pas non plus à offrir des voyages à ses maîtresses pour prendre du bon temps en leur compagnie. À l'Hôtel de Ville, il profite de ses fonctions pour emmener régulièrement avec lui Élisabeth Friederich dans ses déplacements, en France comme à l'étranger. L'Association internationale des maires francophones, qu'il préside, sert de couverture commode à la mise en place de séjours peu harassants et tous frais payés pour le maire de la capitale et sa maîtresse. Selon une expertise demandée par les juges d'instruction, la belle, à elle seule, aurait coûté près de 170 000 francs en billets d'avion[e]. Recette éprouvée : déjà, du temps où il était Premier ministre, les fonds de Matignon finançaient une garçonnière destinée à abriter ses amours avec Jacqueline Chabridon[f].

Chirac a donc longtemps joué au Père Noël avec l'argent des contribuables. Et sa famille – entendue au sens large – n'en a pas été la seule bénéficiaire. « En 1995, lorsque je suis devenu maire du XVIII$^{e}$ arrondissement, on m'a expliqué que j'avais droit à un véhicule de fonction pour mes déplacements, raconte Daniel Vaillant, l'ancien ministre socialiste de l'Intérieur. Lorsque j'y suis monté pour la première fois, j'ai demandé au chauffeur : "Par qui était-elle utilisée auparavant ?" Il m'a répondu : "Par un sénateur RPR de Nouvelle-Calédonie." C'était comme ça, le maire offrait une voiture et un chauffeur à un ami politique qui n'avait rien à voir avec la capitale[a]. »

Ah ! ça, quand il s'agit de rendre service, Chirac ne compte pas ! La justice l'a établi lors du procès des « emplois fictifs ». François Debré, le frère de son ami Jean-Louis, a ainsi été employé à l'Hôtel de Ville de 1993 à 1998, sans y mettre jamais les pieds, de son propre aveu. L'intéressé a simplement assuré avoir rédigé un rapport sur « Les Asiatiques de la capitale », que la police n'a jamais retrouvé, mais dont il a opportunément remis un exemplaire à l'audience. Montant total de sa rémunération : 150 000 euros. De même, Marc Blondel, l'ancien secrétaire général de Force ouvrière, a lui aussi profité des services d'un chauffeur-garde du corps. De petites attentions réglées non par Chirac lui-même, cela va de soi, mais par ses administrés.

L'ancien secrétaire d'État à l'Économie et aux Finances n'est pas plus strict dans l'acquittement des taxes et de ses impôts. Les rares fois où il règle une addition lui-même dans un restaurant, c'est en liquide. Et il conseille aux patrons : « Ces billets-là, tu peux te les mettre dans la poche de derrière. » Sous-entendu, pas la peine de les déclarer.

Sur ce chapitre, la différence avec sa femme ne saute pas aux yeux. À un assistant qu'elle vient de recruter pour ses besoins personnels, elle annonce : « Si vous avez trop de travail, dites-le moi, nous embaucherons du personnel supplémentaire. » À son arrivée à l'hôtel de ville de Paris, elle n'hésite pas à exiger d'importants travaux de restauration et à aménager de manière luxueuse les logements privés de sa famille. En 1995, à l'Élysée, elle poursuit sur sa lancée. Passe encore que l'appartement présidentiel soit refait à neuf – François Mitterrand n'y habitait guère –, mais elle exige qu'on en aménage un second pour son usage personnel. Pour quelle raison ? L'un de ses collaborateurs rapporte la discussion qu'il a eue avec elle à ce sujet : « Je vis de manière très différente de mon mari, m'a-t-elle simplement expliqué. Je sors beaucoup, je me couche tard, donc je me lève tard. Ce sera plus pratique[a]. ») Bien que la place manque, elle jette son dévolu sur les combles de l'hôtel d'Évreux, le corps principal du palais. Trois pièces indépendantes sont créées, dont une chambre pour sa mère[g]. Et comme son goût est sûr, mais plutôt chic, la facture – dont le montant reste secret – n'est pas tout à fait insignifiante. Sans gêne aucune, elle demeurera néanmoins plusieurs mois à l'Hôtel de Ville après l'élection de son conjoint à l'Élysée. « Elle m'a demandé d'attendre que les travaux qu'elle y faisait réaliser soient terminés et je n'ai pas osé dire non », indique Jean Tiberi, le nouveau maire de l'époque[a].

« Je l'ai souvent observée : quand il s'agit d'argent public, elle commence par s'effrayer des montants annoncés, mais au fond, elle s'en moque », résume un élu corrézien qui a travaillé à son côté pendant des décennies[a]. L'un des meilleurs exemples, si l'on ose dire, concerne le « musée du Président », à Sarran.

« L'architecte, la décoration, les matériaux, chaque fois, elle choisissait le plus beau, donc le plus cher. C'est comme ça que l'addition s'est envolée », affirme l'un de ceux qui ont suivi le dossier de très près[a].

Si le dossier de l'accusation concernant l'ancienne première dame est donc particulièrement fourni, elle a néanmoins un sérieux argument à faire valoir pour sa défense : la bonne tenue des comptes de la famille Chirac dépend entièrement d'elle. Les factures, les salaires du personnel, la note pour le mariage de Claude avec Philippe Habert, à Bity, tout, toujours, lui revient. « C'est elle qui présente l'impôt. Elle seule sait ce qu'ils ont et ce qu'ils n'ont pas », souligne leur amie Béatrice de Andia.

C'est elle, aussi, qui a eu à gérer les conséquences matérielles de la maladie de Laurence. Elle qui a veillé à ce que sa fille, privée de tout revenu, dispose néanmoins d'un appartement et de soins. Elle qui se montrait particulièrement angoissée par l'avenir de son aînée si, comme l'aurait voulu la nature, elle avait dû survivre à ses parents. Elle le confiait souvent à ses proches : « Je ne veux pas que Claude se retrouve avec la charge matérielle de sa sœur. »

Parce que tout a reposé exclusivement sur ses épaules, elle a été nécessairement plus attentive aux questions matérielles. Cela l'a souvent rendue anxieuse, et parfois avaricieuse, en effet. Son conjoint, le bienheureux, a vécu totalement en dehors des réalités. Il ne s'occupait ni ne se préoccupait de rien. « C'était un militaire qui se moquait de l'intendance. Il ne savait même pas ce qu'était une quittance de gaz ou d'électricité », note Bernard Bled.

Au demeurant, il n'a pas vraiment eu de raison de s'inquiéter. Car, en matière d'argent, les Chirac n'ont jamais été à plaindre…

## 12

## « Je me fiche de l'argent. Ça ne m'intéresse pas »

D'un point de vue matériel, les Chirac ont eu une vie rêvée. Entre 1967, l'année où l'ancien Président est devenu pour la première fois membre d'un gouvernement, et 2007, date à laquelle il quitte l'Élysée, ils ont toujours ou presque vécu dans les palais de la République. À ce titre, toutes leurs dépenses quotidiennes ont été prises en charge, logement, nourriture, déplacement, voyages… et ce jusqu'aux moindres détails, cigarettes comprises. En fait, en dehors des frais occasionnés par leur fille Laurence et les impôts, ils n'ont jamais eu de dépenses significatives.

Même leur résidence de Bity, en Corrèze, ne leur est jamais revenue trop cher – pour un château, s'entend. La taxe d'habitation y est modique (environ 2 000 euros, selon la mairie de Sarran), et le personnel peu nombreux ; les Chirac ne s'y rendent pas l'hiver pour ne pas avoir à le chauffer et, comme chacun sait, ils ont fait rénover la bâtisse grâce à l'argent public quelques semaines après son acquisition. En 1969, heureuse coïncidence, celui-ci fut en effet classé monument historique, ce qui permit au fringant secrétaire d'État de déduire de ses revenus le coût de la rénovation et de ne rien verser au fisc pendant quelques années. Tout était légal, certes, mais l'affaire fit désordre et provoqua un beau scandale.

Depuis cette date, les Chirac ont réalisé très peu de travaux dans leur demeure corrézienne. Trop peu, même. « On y trouve encore des fusibles en porcelaine et un vieux téléphone avec des grosses touches, assure un artisan qui y a exercé ses talents. Du temps de l'Élysée, j'ai même blagué à ce sujet avec le gardien en lui disant : "J'espère que le Président ne compte pas déclencher l'arme nucléaire avec ça ! Sinon, on est tous morts[a] !" »

En revanche, Jacques Chirac a toujours disposé de très belles rémunérations. Rien de choquant, au demeurant, au vu des responsabilités éminentes qui furent les siennes. En revanche, cela ne cadre pas vraiment avec l'image de l'« homme aux goûts simples » que ses thuriféraires se plaisent à propager. Voici par exemple sa situation en 2001, année où le journaliste d'investigation Jérôme Dupuis publie une remarquable enquête sur ce sujet dans *L'Express*[b]. « Contrairement à l'idée reçue, écrit-il, il [Chirac] ne perçoit pas seulement son indemnité de président de la République, soit 44 061 francs. Il touche également une confortable retraite de l'Assemblée nationale (35 000 francs), où il a été élu de 1967 à 1995, même s'il a souvent laissé la place à son suppléant. À cela viennent s'ajouter sa retraite de maire de Paris (15 000 francs) et celle de conseiller général (14 000 francs), pour ses vingt ans de mandat comme élu du canton de Meymac, en Corrèze. Enfin, depuis le 1er juin 1993, ce «cumulard» de la République perçoit une retraite au titre d'ancien conseiller référendaire à la Cour des comptes (19000 francs), administration où il était entré à sa sortie de l'ENA, en 1959, mais où il n'a quasiment jamais siégé, tant il a rapidement été happé par les cabinets ministériels. Au total, ce président quatre fois retraité affiche donc un sympathique salaire mensuel de 127 000 francs» – soit l'équivalent de 23 800 euros de 2015. Des émoluments qui atteindront même 33 000 euros par mois après son départ de l'Élysée, selon les chiffres avancés par Bruno Dive[c]. Un niveau de rémunération qui ne l'empêche pas d'affirmer, avec l'aplomb qui fait son charme : «Je me fiche de l'argent. Il en faut pour faire de la politique, mais ça ne m'intéresse pas[d].»

Son culot est d'autant plus grand que, outre ses revenus du travail, Jacques Chirac est également à la tête d'un florissant patrimoine immobilier : un appartement rue de Seine, dans le centre de Paris; une maison (relativement modeste) à Sainte-Féréole en Corrèze et, naturellement, le château de Bity. Toujours selon Jérôme Dupuis, le couple dispose par ailleurs d'un confortable portefeuille boursier et d'abondantes liquidités sur ses comptes bancaires, sans oublier une collection d'art asiatique dont l'ancien président est, comme on le sait, un spécialiste reconnu.

De son côté, l'ancienne première dame n'a rien non plus d'une indigente. Si elle a rarement travaillé de manière rémunérée, elle a néanmoins été conseillère générale entre 1979 et 2015. Surtout, elle perçoit depuis son entrée au conseil d'administration de LVMH, en 2010, de croquignolets jetons de présence :

190 250 euros entre 2010 et 2014, auxquels s'ajoutent 500 actions de la société, détenues à titre individuel, d'une valeur de 82 000 euros en mars 2015[e]. De plus, elle bénéficie d'une partie de la fortune des Chodron de Courcel, laquelle, sans concurrencer celles des Rothschild ou de Liliane Bettencourt, n'a rien de négligeable.

Résumé en une phrase : à la tête d'un joli capital, Jacques et Bernadette Chirac se situent à l'époque parmi le très envié 1 % des Français les plus riches.

Et pourtant, après leur départ de l'Élysée en 2007, ils ne se résolvent pas à acquitter un loyer, malgré leurs promesses passées[f]. Le «résident de la République» choisit «à titre provisoire» d'élire domicile dans un très bel appartement de 396 mètres carrés – non, ce n'est pas une faute de frappe – situé 3, quai Voltaire, en face du musée du Louvre. Un bien d'exception comprenant, selon le «document hypothécaire normalisé» de la Direction générale des impôts, pas moins de «deux entrées, un office, un séjour, un salon, une salle à manger, cinq chambres, deux cuisines, trois salles de bains, une salle d'eau, un rangement, trois débarras, trois W.-C., une pièce, dégagements et balcon». Sans oublier «un entresol de 31,6 mètres carrés (avec cuisine, séjour et alcôve), ainsi qu'une cave, un garage et l'emplacement d'un véhicule dans la cour pavée[g].»

Selon la version officielle, ce coquet pied-à-terre leur serait gracieusement prêté par la famille Hariri, du nom de l'ancien Premier ministre libanais assassiné en 2005, auquel Jacques Chirac était très lié. Pour quelle raison et dans quelles conditions ? Mystère. Le 24 avril

2007, un communiqué digne des Marx Brothers se contente d'affirmer benoîtement : « Compte tenu des obligations qui sont les leurs, M. et Mme Chirac n'ont pas encore eu le temps de trouver leur logement. » Une farce, évidemment : la situation s'éternisera près de huit ans.

Et encore… En 2015, les Chirac, certes, quittent les lieux, mais que l'on n'imagine pas qu'ils aient enfin « eu le temps de trouver leur logement ». Non. C'est chez un autre ami opportunément pourvu d'une fortune à rallonge et du sens de l'hospitalité qu'ils trouvent refuge. François Pinault les accueille dans son superbe hôtel particulier de la rue de Tournon, près du Sénat. Le motif de ce déménagement est attristant, mais il n'a pas le moindre rapport avec la morale publique ni avec les convenances. Ayant de plus en plus de mal à se déplacer, Jacques Chirac a simplement besoin de vivre dans un appartement de plain-pied.

Cette désinvolture de l'ancien couple présidentiel choque jusqu'à leurs proches amis. « Alors qu'ils ont été logés et nourris pendant quarante ans, on se demande vraiment comment ils n'ont pas gagné assez d'argent pour pouvoir se payer un appartement », s'interroge l'un d'eux.

On l'aura compris, Jacques Chirac, en réalité, vit dans l'opulence, et ce penchant ne doit pas grand-chose à l'aristocratique Bernadette Chodron de Courcel. Épisode peu connu, mais révélateur : en Corrèze, avant d'opter pour Bity, l'ancien président en personne avait jeté son dévolu sur une superbe demeure située dans le centre de Meymac, son canton d'élection. Une propriété immense et magnifique, à laquelle il ne manque qu'un parc pour mériter le nom de château. Elle lui avait échappé de peu.

Pour les vacances non plus, le couple ne lésine sur rien. Souvent, il se laisse inviter dans les palais du roi du Maroc ou dans les très belles propriétés de l'ami Pinault – encore – sises à Saint-Tropez et à Dinard. On l'aperçoit aussi dans son château de Bity, bien sûr, quand il n'opte pas pour des destinations plus dépaysantes comme Saint-Martin, Oman ou le Japon – un pays où l'ancien président s'est rendu plus de quarante fois[h].

Cette appétence pour le luxe leur joue parfois des tours. En l'an 2000, un scandale éclate quand un malencontreux reportage publié par *Paris Match* informe que le chef de l'État s'est offert un assez long séjour sur l'île Maurice. À raison de trois semaines dans une suite de l'hôtel Royal Palm, au tarif affiché de 21 000 francs la nuit, la note avoisine les 300 000 francs – environ 57 000 euros de 2015[b]. Une facture pas vraiment en phase avec la propagande du candidat de la fracture sociale…

Tout autant que l'île Maurice, Chirac apprécie aussi l'hôtel Meurice, un palace parisien où il déjeune régulièrement, par exemple en compagnie de Simone Veil, qu'il appelle curieusement Poussinette. « Détail » : dans cette cantine, les prix des menus s'échelonnent de 85 à 360 euros. Et l'on ne parle pas de la carte…

La justice découvrira également qu'en juillet 1993, il a effectué avec sa fille Claude un séjour de trois jours à New York pour un montant total de 119 339 francs (l'équivalent de 25 000 euros de 2015), comprenant un aller-retour en Concorde. Les billets, émis sous de faux noms dignes des Pieds nickelés, Bernolin et Pierac, ont opportunément été payés en liquide grâce à des «économies personnelles», déclarera la fille de l'ancien président, entendue par les juges[i]. Pour faire bonne mesure, l'Élysée évoquera également l'utilisation de «primes personnelles perçues par Jacques Chirac en sa qualité de ministre et de Premier ministre», «les fameux fonds secrets sur lesquels les juges ne peuvent pas enquêter[j]». Des sommes versées en espèces, destinées théoriquement à financer les services de renseignements et, par tradition, les primes de cabinet dans les ministères. Dans les faits, elles ont souvent été détournées pour mener des opérations politiques et améliorer le train de vie de certains élus. «Comme d'autres, le Président a eu du mal à résister à la tentation», rapporte l'un de ses anciens directeurs de campagne.

À part cela, Jacques Chirac n'est pas un homme d'argent...

# 13

## « J'ai besoin d'un million. Tu te débrouilles ! »

Au fond, les Chirac ont toujours jugé cela naturel. Ils ont vécu aux crochets de la République, et la plupart de leurs besoins ont été pris en charge. Il leur est arrivé de confondre leurs poches avec celles de la collectivité. Ils ont mené grand train et ne se sont rien refusé. Et alors ? Pour l'ancien président, les choses étaient ainsi. Il ne se demandait pas si c'était bien ou mal. « Lors de son procès, il n'a pas vraiment compris ce qu'on lui reprochait, confie l'un de ses collaborateurs. Faire payer par la mairie de Paris des personnes qui travaillaient en fait pour le RPR ne lui paraissait pas franchement répréhensible, dès lors qu'il dirigeait les deux institutions[a]. »

Même joyeuse tambouille entre Ussel et la capitale. En haute Corrèze, sorte de XXIe arrondissement de Paris, Chirac était souvent sollicité : « Tu ne peux pas faire quelque chose pour Untel ? ». Il disait toujours oui, bien sûr, et orientait la demande vers un membre de son cabinet ; à charge pour celui-ci de trouver une solution. Ainsi, nombre de ressortissants d'Égletons ou de Bort-les-Orgues ont été embauchés à l'Hôtel de Ville, *a fortiori* pour des emplois subalternes où ils étaient dispensés de concours d'entrée… Pendant toute sa carrière, telle la semeuse, l'ancien chef de l'État a distribué à tout-va : des postes, des subventions, des autoroutes, des décorations… Une pratique qu'il a perpétuée même après son départ de l'Élysée, comme en témoigne la lettre qu'il a adressée en 2009 à Jean-Louis Debré, à son bureau du Conseil constitutionnel, attirant son attention sur le sort de « la fille du charcutier de Meymac ». « Trouve-lui un emploi au Conseil », y est-il écrit au feutre rouge, de sa belle écriture reconnaissable entre toutes. Debré, furieux, se rendra aussitôt à son bureau de la rue de Lille pour lui rappeler que ce genre de comportement peut mener au tribunal. Il en ressortira désespéré : « Il ne comprend pas[b]… »

Poches privées, caisses publiques, curieusement, l'énarque Chirac n'a jamais paru saisir la différence. Sa femme non plus. En 2002, par exemple, on a toutes les peines du monde à lui faire admettre qu'elle ne peut pas utiliser une voiture de l'Élysée pour se rendre à un événement organisé dans le cadre de la nouvelle candidature à l'élection présidentielle de son mari.

« Le couple était venu saluer ses équipes dans son local de campagne, relate Antoine Rufenacht, qui en était le responsable. La visite achevée, le chef de l'État repart, mais son épouse décide de rester un peu plus longtemps. Soudain, l'un de ses collaborateurs vient me voir, visiblement embarrassé.

— Mme Chirac a l'intention de rejoindre l'Élysée avec une voiture de la présidence de la République.

— C'est impossible ! Aucun candidat n'a le droit d'utiliser les moyens de l'État pour sa campagne !

— Je le lui ai déjà dit, mais elle ne veut rien entendre. Il n'y a que vous qui puissiez la convaincre.

Je m'approche donc d'elle et lui propose une autre solution :

— Madame, un véhicule privé est à votre disposition pour vous ramener.

— Il n'en est pas question ! me répond-elle.

— Je suis désolé, mais vous n'avez pas le choix, la loi est la loi. De toute manière, les voitures de la présidence sont déjà reparties.

— Eh bien, j'attendrai qu'elles reviennent.

— C'est impossible, madame, les journalistes sont encore là. Ils rapporteraient les faits et ce serait très ennuyeux pour votre mari.

— Qu'à cela ne tienne. J'attendrai que les journalistes s'en aillent.

La situation était un peu gênante, mais j'ai pensé qu'elle finirait bien par se lasser car la presse, évidemment, ne quitterait pas les lieux tant qu'elle serait là. Et en effet, elle a fini par se résoudre à prendre le véhicule privé qui l'attendait[a]. »

Il y a sans doute là, pour l'un comme pour l'autre, un effet de génération. Il était courant, dans les années 1970 et 1980, de voir des ministres financer leurs déplacements privés avec la carte bleue du conseil régional qu'ils dirigeaient, utiliser des femmes de ménage d'une mairie à leur domicile, brasser des billets tombés dans les caisses de leur parti par des moyens douteux. Avec un total sentiment d'impunité. Comme les Chirac.

C'est d'ailleurs le cœur de la défense de l'ancien président, selon lui, tous les partis ou presque fonctionnaient ainsi. Il se vante même d'avoir mis un peu d'ordre dans le financement de la vie politique : «J'ai fait adopter le premier texte législatif sur le sujet» en 1988, se glorifie-t-il dans ses Mémoires[c]. Factuellement exacte, cette présentation omet simplement un menu détail : à cette époque, le Premier ministre n'a pas agi de son plein gré, mais uniquement sous la pression des affaires révélées par des juges courageux. Sa seule motivation consistait à calmer l'opinion. À froid, jamais il n'a préparé la moindre loi visant à assainir un système dont il a abondamment profité.

Avec lui – comme avec François Mitterrand, d'ailleurs –, la règle du jeu était limpide : quand on veut gagner, la fin justifie les moyens. Son expression fétiche ? « Tu te débrouilles. »

«Un jour, raconte Bernard Bled, il m'a demandé d'embaucher un type qui parlait chinois et de le nommer sous-directeur.

— Monsieur le maire, cela va être difficile, lui ai-je indiqué. Ce grade correspond à un salaire élevé et cette personne n'est même pas fonctionnaire !

Il m'a simplement répondu :

— Écoutez, Bled, débrouillez-vous[a]. »

L'un des trésoriers de ses innombrables campagnes électorales décrit une situation assez proche. «Sa méthode était simple. Il me disait : "J'ai besoin de payer des équipes, j'ai besoin de costumes, j'ai besoin de faire un meeting, j'ai besoin d'un million. Tu te débrouilles, il faut que ça tourne !" Alors, je téléphonais à des personnes qui étaient capables de sortir l'argent dont nous avions besoin. Il a eu vraiment de la chance que cela ne se soit pas terminé plus mal[a]. »

« Moins j'en sais, mieux je me porte. » D'un naturel prudent, Chirac n'a jamais voulu mettre lui-même les mains dans le cambouis. Cette attitude a fini par agacer certains de ses subordonnés.

« Après sa défaite de 1988, raconte l'un d'eux, je suis allé le voir à Matignon alors qu'il était en train de faire ses cartons et je l'ai obligé à m'écouter. Je lui ai dit :

— Jacques, je vais t'expliquer les vrais comptes, qui diffèrent très largement de ceux que nous avons déposés au Conseil constitutionnel.

Dans un premier temps, il a cherché à se défiler :

— Non, non, je te fais confiance.

Mais j'ai insisté.

— C'est trop facile ; je veux que tu saches !

Alors, je lui ai déballé le montant réel des dépenses, l'origine des recettes et aussi le nom de ceux qui nous avaient aidés[a]. »

Ce jour-là, l'homme qui ne voulait pas savoir a passé un mauvais moment.

# 14

## « Elle a besoin de lui comme il a besoin d'elle »

À l'été 1988, une poignée de témoins, incrédules, assistent depuis les fenêtres de la mairie de Paris à une scène rare. Dans les jardins de l'Hôtel de Ville, Bernadette et Jacques Chirac, seuls, déambulent et conversent. Mieux, ils marchent en se tenant par la main. Un geste exceptionnel pour ce couple peu enclin à extérioriser ses sentiments, et la preuve, s'il en fallait une, du lien exceptionnel entre ces deux êtres. Le signe que, pour Chirac, son épouse représente un soutien inébranlable, un roc sur lequel ce grand anxieux peut s'appuyer quand les vents sont par trop contraires.

Or, cette année-là, il traverse une tempête. Le dimanche 8 mai, il n'a pas seulement perdu l'élection présidentielle pour la deuxième fois : il a été humilié par François Mitterrand. Depuis ce désastre, ses amis les plus fidèles doutent ouvertement qu'il puisse jamais entrer à l'Élysée. Certains commencent déjà à ourdir des complots contre un homme qu'ils regardent dorénavant comme un politicien sans avenir.

Du côté personnel, c'est pire encore. Sa fille aînée, Laurence, multiplie les tentatives de suicide. La cadette, Claude, paraît un peu paumée : après avoir abandonné Sciences-Po, elle navigue sans grande conviction dans le milieu de la pub et du show-biz, dont il redoute l'influence délétère. Quant à son épouse, il l'a suffisamment trompée pour faire passer Casanova pour un moine cistercien. Autant de dérives dont il s'accuse. Si seulement il avait joué un tant soit peu son rôle de père et de mari…

Il a cinquante-cinq ans. Il est en pleine dépression. Et dans ces moments-là, la scène surprise dans les jardins de l'Hôtel de Ville en témoigne, il n'est qu'une personne vers laquelle il puisse se tourner : sa femme.

Oh, bien sûr, ces deux-là ne forment pas un ménage ordinaire… Ils se houspillent sans cesse, vivent à l'occasion dans des appartements séparés, n'ont ni le même rythme ni les mêmes centres d'intérêt. Ils se voient si peu qu'il leur est arrivé d'offrir le même cadeau de mariage à un conseiller de l'Élysée ! « C'est un couple qui n'a jamais pris le temps de coupler », résume drôlement la journaliste Catherine Nay[a].

Bernard Niquet, qui fut longtemps le collaborateur personnel de Bernadette Chirac après avoir dirigé la communication de son mari, disait à Paul Poudade, le chef du protocole de l'Élysée[a] : « Le plus difficile, avec eux, c'est de faire en sorte qu'ils forment un couple. » De manière significative, la formulation choisie sur le faire-part annonçant le décès de leur fille Laurence en a troublé plus d'un. Il n'était pas écrit « Monsieur et Madame Jacques Chirac », mais « Monsieur Jacques Chirac », puis, de manière séparée, « Madame Jacques

Chirac » – alors qu'il était par ailleurs indiqué « Monsieur et Madame Frédéric Salat-Baroux », du nom du mari de Claude Chirac. « De ce fait, je me suis senti obligé de leur adresser mes condoléances à l'un et à l'autre », avoue un proche[a].

« Étrange », « atypique », « détonnant », « singulier »... Ces époux hors norme attirent sur eux toute une gamme de qualificatifs, mais personne n'en doute, ils sont épris l'un de l'autre, même si c'est d'une curieuse manière. « Elle a besoin de lui comme il a besoin d'elle », assure Franz-Olivier Giesbert. « Ils s'aiment, j'en suis certaine », confirme leur amie Béatrice de Andia. « Il existe entre eux un lien extraordinairement fort qui ne se délite jamais », assure Hugues Renson, qui fut le conseiller politique de l'ancien président après son départ de l'Élysée. Ce n'est ni par hasard ni par simple respect des convenances que le tandem a franchi en 2016 le cap exceptionnel des soixante ans de mariage.

Bernadette Chirac est folle de son homme, c'est l'évidence. À vingt-deux ans, elle a épousé une sorte de dieu grec, un beau gosse plein d'esprit et de vie ; elle ne s'en est jamais vraiment remise. « Chez elle, il n'y a pas que le devoir. Il y a l'amour et l'admiration, témoigne leur amie corrézienne Françoise Limoujoux. Combien de fois m'a-t-elle dit : "Qu'est-ce qu'il m'en a fait voir ! Qu'est-ce qu'il est compliqué ! Mais c'est l'homme de ma vie[a]." »

La question, évidemment, se pose davantage pour lui : l'aime-t-il sincèrement, cette femme qu'il a tant et tant trompée ? Et pourtant, la réponse, là encore, est oui. Et pour toutes sortes de raisons. D'abord comment l'oublierait-il ? Elle a toujours été là dans les moments difficiles. Pour Laurence, en premier lieu, dont elle s'est occupée bien davantage que lui. Pour le combat politique aussi, notamment, donc, après sa défaite lors de l'élection présidentielle de 1988, mais aussi pendant la campagne de 1995, quand tout ce que la droite comptait de chiraquiens ou presque avait cru bon de l'enterrer. Geste éloquent, c'est avec elle qu'il est parti pendant l'été 1994 au Japon, dans un hôtel de montagne traditionnel situé à deux heures de Tokyo. « J'ai pu constater pendant cette période particulière la très grande intimité qui existait dans leur couple », témoigne Valérie Terranova, qui les accompagnait[a]. « Elle m'a souvent dit que, pendant ces trois semaines, elle avait vu son mari changer, qu'il avait pris conscience de ce qu'il fallait faire pour devenir président de la République, qu'il avait mené un travail sur lui-même qui l'avait fait mûrir », confirme Laurence Reculet[a]. C'est avec elle, et elle seule, qu'il passe ce moment décisif.

« Son côté maternel l'apaise, il a toujours su qu'elle ne le lâcherait pas », assure Bernard Bled. « Il a terriblement besoin d'elle. Elle le rassure », confirme Antoine Rufenacht. Elle est aussi la seule à lui dire certaines vérités, y compris celles qu'il préférerait ne pas entendre. « Je reconnais que je suis souvent critique parce que ma nature le veut, avoue-t-elle. Mais s'il ne s'agit que de faire des compliments, ce n'est pas la peine, il y en a suffisamment qui s'en chargent[b] ! »

Une expression de Bernadette Chirac résume à merveille ce qu'elle représente pour lui, «son point fixe». Une notion essentielle, pour un homme aussi dispersé que son époux. Il papillonne d'une femme à l'autre? D'une idée politique à l'autre? D'un conseiller à l'autre? Elle est là, toujours, quoi qu'il fasse. Elle reste son repère, sa boussole, son étoile du Berger. Lui-même en convient à sa manière, cocasse et imagée : «Nous autres, les hommes, nous sommes comme les Cro-Magnon de la préhistoire, toujours à chasser et à courir la gueuse. Mais à la fin des fins, il nous faut retourner dans notre grotte. Moi, j'ai besoin de cette grotte pour me retrouver. Sans elle, je serais malheureux comme les pierres[c]. »

Alors, dès qu'elle s'éloigne, il lui faut l'appeler. Une fois, deux fois, cinq fois, dix fois par jour, c'est maladif.

Le 19 janvier 2001, elle se trouve à Strasbourg, dans le cadre de l'opération Pièces jaunes. Son portable sonne. C'est son époux, qui assiste au 21e Sommet franco-africain au Cameroun.

«Allô, Bernadette? C'est moi. Je vous téléphone de Yaoundé. Avez-vous pensé à envoyer des fleurs pour l'enterrement de Charles Mérieux? [NDA : un grand industriel de la pharmacie.]

— Ne vous inquiétez pas, Jacques. J'ai donné des instructions.

Elle raccroche. Cinq minutes plus tard, son portable sonne à nouveau.

— Bernadette? C'est encore moi. J'espère que vous n'avez pas envoyé des roses socialistes – je veux dire rouges?

— Bien sûr que non, Jacques. J'ai envoyé des fleurs bleues et blanches.

— J'espère aussi que vous avez bien fait inscrire sur le ruban "Jacques et Bernadette Chirac" et pas simplement "Jacques et Bernadette", car on ne saura pas alors qu'il s'agit de nous.

Elle repose son appareil et soupire. "S'il rappelle, lâche-t-elle, goguenarde, en remettant son portable à son collaborateur Bernard Niquet, dites-lui que j'ai changé de mari."

Il rappelle !

— Dites-moi, Bernadette, quel TGV prendrez-vous lundi pour aller à l'enterrement, à Lyon ?

— Celui de 9 heures.

— Mais vous n'y pensez pas ! L'enterrement a lieu à 11 heures. Vous arriverez en retard. Il faut que vous partiez plus tôt !

— Dites donc ! Vous n'allez tout de même pas me persécuter depuis le fin fond de l'Afrique pour contrôler tout ce que je fais[d] ! »

Des scènes comme celle-ci, des dizaines de témoins y ont assisté. Dès qu'elle s'éloigne, il cherche à la joindre de manière névrotique. Systématiquement, elle fait semblant de s'offusquer – c'est leur côté cabotin –, même si, au fond, elle est ravie de cette insistance. « Il est plutôt bref, mais c'est formidable parce que ça existe, a-t-elle confié à Caroline Pigozzi, qui a rapporté la scène dans un livre. Il y a tant de maris qui ne téléphonent jamais à leurs femmes[d]. » Peut-être cet éternel anxieux cherche-t-il avant tout à se rassurer ? Elle n'envisage pas cette hypothèse déplaisante et préfère voir dans cette frénésie téléphonique la preuve sonnante et grésillante qu'elle compte pour lui.

C'est si vrai qu'il arrive régulièrement à Jacques Chirac d'avoir des attentions pour elle.

« Juste avant la visite à Paris d'Élisabeth II, le Président m'a appelé, se souvient Paul Poudade, son ancien chef du protocole.

— Paul, vous avez un petit crayon sur vous ?

— Oui, monsieur le Président. Je vous écoute.

— Mon épouse sort d'une campagne difficile. Le dîner de la reine est son dîner : c'est elle qui décide des invitations, du repas et du placement à table[a]. »

Délicate attention. En souvenir de l'oncle Geoffroy, grand résistant à Londres, Bernadette Chirac a profité de la présidentielle autorisation pour convier à l'Élysée toute une tripotée de Chodron de Courcel. Compte tenu de ses relations avec sa belle-famille, il y a peu de chances que le chef de l'État ait spontanément établi la même liste…

Laurence Reculet se souvient aussi de la sollicitude du maire de Paris lorsque son épouse avait été opérée, à la fin des années 1980. « Il venait me voir plusieurs fois par jour, observait son agenda et m'ordonnait : "Il faut qu'elle se repose ! Enlève-lui ce rendez-vous, et aussi celui-là !" Il ne le faisait pas d'habitude, mais, là, on sentait qu'il était très angoisséa. »

Juste retour des choses. Depuis 1956, Bernadette se dévoue pour lui, le soutient indéfectiblement, lui pardonne ses innombrables frasques. Elle lui a laissé une liberté incroyable, et peut-être excessive. Elle n'a jamais flanché, a tenu son foyer, s'est démultipliée pour qu'il puisse accomplir son destin. D'autres qu'elle seraient parties, elle est toujours restée.

Jacques Chirac est suffisamment sensible pour le savoir, il a trouvé en elle la femme qu'il lui fallait. La femme de sa vie.

## 15

## « L'idée que je pourrais être un jour sans Bernadette ne m'a jamais traversé l'esprit »

Dans ces conditions, on comprend mieux pourquoi ces deux-là ne se sont jamais séparés. Non seulement ils ont besoin l'un de l'autre, mais, de plus, l'idée même heurte Jacques Chirac. Franz-Olivier Giesbert peut en témoigner : « J'ai divorcé à deux reprises. Eh bien, à deux reprises, Jacques Chirac m'a convoqué dans son bureau pour me passer une avoinée : "Tu as quitté ta femme ? Tu fais une énorme connerie ! Pense à tes enfants !" Avant d'ajouter : "Dans la vie, il faut toujours avoir un point fixe. Moi, je me félicite tous les jours d'avoir un point fixe avec Bernadette[a]…" »

C'est là l'une des convictions les mieux ancrées chez Chirac : dans un couple, on se marie et on reste. Il peut admettre qu'il y ait des écarts (surtout pour lui…), mais pas que l'on rompe. Jamais. Il a d'ailleurs toujours porté son alliance, fier d'afficher la stabilité de son union. « En politique comme dans la vie, l'ancien président est un transgressif qui ne déborde jamais certaines limites », souligne son mémorialiste Jean-Luc Barré[a]. Chirac est un homme à la fois prudent et soucieux des convenances. « Quand le Président a appris qu'un membre de son cabinet s'apprêtait à quitter son épouse, il l'a très mal pris, assure un ancien conseiller de l'Élysée. À compter de cette date, il lui en a voulu et lui a retiré une partie de son estime. Il trouvait que cela ne se faisait pas. »

Nécessairement, à force de vouloir rester marié tout en collectionnant les maîtresses, il lui est arrivé de se retrouver dans des situations inconfortables, comme ce jour de 1993 où il est apostrophé par Sœur Emmanuelle, la célèbre religieuse connue pour son franc-parler :

« Toi qui es tellement beau et séduisant, tu dois être couvert de succès féminins. J'espère que tu es sage, que tu résistes à la tentation de tromper Bernadette ! »

Un peu déstabilisé, Chirac est néanmoins parvenu à affirmer ceci :

« Quand on a partagé tant de joies et de peines et qu'on a tout construit ensemble, on est soudés pour la vie. L'idée que je pourrais être un jour sans Bernadette ne m'a jamais traversé l'esprit[b]. »

Une manière de ne pas répondre à la question, sans aller toutefois jusqu'à mentir à une sainte femme.

L'ancien président, au fond, est le produit de son époque. « Il appartient à une génération où l'on pense qu'un divorce représente un handicap majeur pour un présidentiable », souligne Alain Duhamel. « Sa conseillère Marie-France Garaud lui avait dit qu'une séparation l'empêcherait d'accéder à l'Élysée, confirme Catherine Nay. D'ailleurs, Mitterrand et

Giscard ont eux aussi suivi cette règle non écrite. Les seuls qui, à l'époque, se sont séparés de leur épouse légitime, ce sont Chaban-Delmas et Rocard, et cela ne leur a pas réussi. » Par temps de crise, Bernadette elle-même a recouru à cet argument : « Je l'ai plusieurs fois mis en garde : "Le jour où Napoléon a abandonné Joséphine, il a tout perdu[c]". »

Si encore, pour sauver la pérennité de son couple, Chirac avait dû s'assagir… Mais il n'a pas eu à consentir le moindre sacrifice. « Quel intérêt aurait-il eu à divorcer ? interroge avec pertinence Jean-Pierre Dupont. Il a eu toutes les maîtresses qu'il voulait et, grâce à Bernadette, a conservé la respectabilité à laquelle il tenait[a]. » « Il se trouvait très bien comme ça, confirme son complice Pierre Mazeaud. Il avait en quelque sorte le beurre et l'argent du beurre[a]. »

Ce mode de vie, cela va de soi, dénote un certain rapport à la vérité. « Pour ma part, j'ai toujours considéré que ne pas divorcer serait vivre dans le mensonge, déclarait Michel Rocard peu avant sa disparition. Ce n'était pas tout à fait mon truc. Je sais bien qu'on ne peut pas faire de politique sans travestir un peu la réalité, mais enfin, tout est dans le dosage[a]. » Cela tombe bien, dans ce domaine, Chirac supporte des doses très fortes…

Divorcer ? Chirac n'a donc jamais envisagé pareille extrémité, même pour Jacqueline Chabridon. « Il m'a parlé de cette liaison comme d'une passion brûlante qui lui avait fait peur », se souvient Franz-Olivier Giesbert[a]. Entre une maîtresse qui l'inquiétait et une épouse qui l'a toujours rassuré, le choix n'a peut-être pas été aussi cornélien que certains l'ont cru.

Face à cet époux inconstant, il est arrivé à Bernadette Chirac de vaciller ; mais, on s'en étonnera moins, l'ancienne première dame a toujours tenu bon, comme elle l'explique avec sa franchise coutumière et désarmante : « À l'heure actuelle, à la première épreuve, les gens se quittent [...]. En ce qui me concerne, j'ai hésité parce que j'avais des enfants et peut-être aussi parce que j'étais prisonnière des traditions familiales. [...] La vie n'est pas un long fleuve tranquille. Il y a des écueils, des obstacles à franchir, des drames aussi, malheureusement. Pourtant, quand on est décidé à bâtir une maison ensemble, je crois que le résultat est inébranlable. C'est même la beauté du mariage à mes yeux, une construction à deux[c]. »

Tout y est, ou presque : les valeurs forgées par son enfance et sa foi catholique ; son tempérament de battante ; sa capacité à voir à long terme ; la responsabilité vis-à-vis des enfants... Ne manquent à cette exégèse qu'un seul élément, il est vrai moins flatteur. « Si elle est restée, c'est aussi parce qu'elle tenait au confort et au prestige que lui procurait son statut de femme de maire de Paris ou de président de la République », pointe Antoine Rufenacht[a]. « Elle est attachée à la vie que lui a permis de mener la carrière de son époux », confirme Bernard Bled[a]. « Épouser un homme politique de premier plan vous offre une autre existence, atteste Marie-Thérèse François-Poncet. Vous voyagez, vous rencontrez des personnes prodigieusement intéressantes, vous êtes reçue dans des conditions exceptionnelles... Et tout cela, vous le quitteriez parce que toutes les filles tournent autour de votre mari ? Non, d'autant que, quand l'on vit avec un homme politique de premier plan, les conséquences d'une séparation ne sont pas seulement privées[a]. »

C'est un fait. Grâce à son statut d'« épouse de », Bernadette Chirac a pu visiter le monde entier, mener grand train, s'entretenir avec des artistes prestigieux, rencontrer le pape et le président des États-Unis… Une vie qu'elle n'aurait jamais connue en convolant avec un haut fonctionnaire lambda. Elle l'a elle-même reconnu, un jour qu'elle se plaignait de son sort d'épouse bafouée devant un collaborateur de l'Élysée :

« Sans doute, madame, lui a répondu celui-ci, mais enfin, qui est à l'Élysée, aujourd'hui ? Vous, non ?

Un peu interloquée, elle a simplement confessé : "Ah, cela, c'est vrai[a]." »

Il y a donc là, d'évidence, une part de vérité. Oui, Bernadette Chirac aurait pu partir. Et, en effet, l'apparat, le confort et le train de vie liés à la carrière de son mari l'ont incitée à rester auprès de lui.

On peut néanmoins voir les choses autrement. Considérer son statut de première dame comme une forme de contrepartie, de consolation, de récompense presque. L'un des rares avantages de sa condition de femme publiquement outragée. Qui, à sa place, jugerait cette compensation entièrement usurpée ?

# 16

## « Ce n'est pas convenable »

Voilà ce que l'on appelle une contre-intuition : de loin, Bernadette Chirac apparaît comme l'incarnation d'une certaine France conservatrice et catholique, alors que son mari bénéficie d'une image beaucoup plus « moderne », liée en partie à son caractère apparemment chaleureux et à sa vie personnelle un tantinet dissolue. La réalité est bien différente. « Ce n'est pas convenable » est la phrase que l'ancien président prononce le plus souvent quand il est en colère. « Pas convenable », une expression révélatrice des valeurs traditionnelles qui sont en fait les siennes.

Certes, la très aristocrate Bernadette Chodron de Courcel a reçu dans sa famille une éducation on ne peut plus classique, dont le vouvoiement qu'elle a imposé à son époux est le symbole le plus manifeste. Certes, il lui en reste des traces. Dans son livre, *Conversation*, elle défend ainsi pêle-mêle la patrie, l'autorité parentale, la politesse, la famille, tout en émettant des réserves sur l'avortement, et plus encore sur le Pacs, ancêtre de la loi Taubira accordant le droit au mariage et à l'adoption aux personnes de même sexe.

S'en tenir là reviendrait toutefois à oublier que ce livre revêt aussi une dimension électorale : on est alors à moins de un an de l'élection présidentielle, et la mission de la première dame consiste à ramener vers son époux des électeurs tentés par le Front national. Ce serait oublier, aussi, qu'elle a su évoluer avec le temps. En effet, contrairement à son conjoint, elle sort beaucoup ; discute énormément ; échange, toujours. « Elle déjeune avec des homosexuels très régulièrement sans que cela lui pose le moindre problème, assure un proche. Je l'ai même entendue se montrer ouverte sur les questions du remariage et de l'homoparentalité[a]. » Pour le dire en une phrase, elle est moins coincée que ne le laisse supposer sa caricature.

Lui, c'est l'inverse, quoi qu'aient tenté de faire croire ses communicants. Lors du mariage de leur fille Claude avec Frédéric Salat-Baroux, le 11 février 2011, les témoins l'ont entendu se quereller avec son gendre. Motif ? Ce dernier refusait de boutonner le premier bouton de son gilet[b]… Il y a plus sérieux. « Un jour, il a émis une remarque péjorative à l'égard d'un homosexuel qui travaillait à l'Élysée, se souvient l'un de ses collaborateurs. Cela m'a choqué et je me suis permis de lui répondre : "Monsieur le Président, chacun a le droit de mener sa vie comme il l'entend." Ce à quoi il m'a d'ailleurs répondu : "Vous avez raison", comme s'il s'agissait de réflexes anciens dont il n'arrivait pas à se départir[a]. » Et, on l'a dit, il ne supporte pas l'idée du divorce.

Autant dire que, dans le couple Chirac, on est bien éloigné du duo caricatural opposant une réac de droite à un rad-soc aux penchants libertaires. Il est même permis de penser que, si le ménage a tenu bon, c'est aussi parce que, sur certains points fondamentaux, ses deux membres sont moins opposés qu'ils n'en ont l'air. Claude est d'ailleurs la première à le reconnaître. «Contrairement aux apparences, [mon père] est moins progressiste que maman sur certaines questions[c].»

Parole d'experte.

# 17

## « Vous êtes la femme du chef de l'État et tout ce que je vous demande passe avant le reste »

« Pour moi, la femme idéale, c'est la femme corrézienne, celle de l'ancien temps, dure à la peine, qui sert les hommes à table, ne s'assied jamais avec eux et ne parle pas. » Aussi surprenant que cela puisse paraître, Jacques Chirac a vraiment prononcé cette phrase caricaturale, en sachant, qui plus est, qu'elle serait rendue publique dans un journal féminin ! « C'était en 1978. Je l'interrogeais pour un mensuel qui s'appelait *F Magazine* », se souvient la journaliste Catherine Nay[a]. Parce que ce garçon est redoutablement intelligent, il enrobe le trait avec suffisamment d'humour et d'apparente provocation pour que l'on puisse croire qu'il s'agit de second degré. Il n'en est rien. Chirac, quel que soit l'angle par lequel on l'examine, est un macho irrécupérable, indécrottable, congénital.

Son père était du même tonneau, d'ailleurs, comme Bernadette l'apprendra par sa belle-mère peu de temps après avoir convolé : « Alors que j'étais moi-même jeune mariée, lui raconte Marie-Louise Chirac, j'ai passé mon permis de conduire et je l'ai annoncé fièrement à mon mari. Au lieu de me féliciter, il m'a répondu sèchement : "Donnez-le-moi. Je le range dans ce tiroir, vous continuerez à rouler avec mon chauffeur[b]." »

Fort d'une telle éducation, le jeune Jacques trouve que décidément, pour les garçons, la vie est bien faite. Toute sa philosophie en découle. Non seulement il s'autorise à passer d'une maîtresse à l'autre, mais, lors d'une visite en Normandie, lance des « blagues » sur le droit de cuissage qu'exercerait le président du département de l'Orne sur ses conseillères générales[b]. Avec ses filles, il se comporte comme un *pater familias* à l'ancienne, selon ses amis[a]. « Si elles sortent, elles auront mon pied au c… », tonne-t-il pendant leur adolescence. Avec sa régulière, c'est pire. Quand elle a l'outrecuidance de vouloir entreprendre des études d'archéologie, au début des années 1970, il s'y oppose avec la dernière énergie, comme elle le rapporte elle-même : « C'est ridicule, vous allez vous attirer des ennuis[c]. »

Aux yeux du jeune Chirac, sa mère était « le prototype de la femme au foyer[d] ». Devenu adulte, il trouve donc tout naturel de voir son existence prise en charge par son épouse. Bernadette prend des cours de dactylo pour taper des rapports assommants sur le syndicalisme agricole ? Il trouve cela normal. Elle lui prépare systématiquement sa valise avant un voyage officiel ? Il ne lui en est même pas reconnaissant. Quand ils reçoivent un invité à Bity, elle compose le menu, alerte un traiteur, place les convives, tandis que lui se contente de mettre les pieds sous la table ? Il ne voit pas où est le problème. « Comme tous les fils uniques, c'est un enfant gâté. Il faut tout faire pour lui, résume sa femme. Il est tellement habitué à ce que ce soit ainsi depuis les débuts de notre mariage qu'il ne songe même pas à remercier[b]. »

Même à l'occasion de leurs rares loisirs, il se conduit comme un goujat. Hors de question, par exemple, qu'il accompagne son épouse à l'Opéra ou au Théâtre des Champs-Élysées, il déteste la musique classique et la danse. En revanche, pendant leurs voyages au Japon, il l'oblige à assister à des concerts de koto (un instrument traditionnel) et à des tournois de sumo. Et il râle si, pendant le combat, elle s'avise de bavarder avec ses voisins[b]. Même à Paris, il la contraint à suivre d'interminables vidéos sur les raku, comme Bernadette Chirac le raconte avec esprit. « Vous ne connaissez pas les raku ? Ce sont des bols à thé en céramique dont les premiers ont été faits à Kyoto en 1580. Alors, mon mari a des cassettes vidéo sur les raku. Quand il a un peu de temps, il m'inflige ses cassettes de raku. Croyez-moi, l'historique des raku, c'est assommant ! Moi, à l'heure du dîner, j'ai envie de me détendre un peu. Je suis en train de manger et il me dit : "Je vais vous le repasser parce que vous avez manqué le moment le plus intéressant." J'ai intérêt à suivre[c]. »

Pour vivre sa vie comme il l'entend, ce don juan s'emploie avec un soin jaloux à dissimuler son agenda. « Chirac entendait garder sa liberté et, pour cela, ne voulait pas que son épouse ait une vision précise de ses activités – quelles qu'elles soient », précise un collaborateur qui l'a suivi de la mairie de Paris à l'Élysée[a]. Sauf, bien sûr, s'il estime qu'il a besoin d'elle, auquel cas elle doit obéir sans barguigner. « Vous êtes la femme du chef de l'État et tout ce que je vous demande passe avant le reste[e]. »

Sa chance – ou son discernement – aura été de se choisir pour moitié une personne que son comportement ne choque pas outre mesure. « Je suis la très humble servante du seigneur », déclame souvent Bernadette Chirac. Une formule qu'elle utilise avec humour, mais qui correspond à une réalité. Question d'éducation. « Dans tout vrai couple, affirme-t-elle, l'épouse a envie que son mari trouve son épanouissement dans l'univers qu'il a choisi [...]. Je me suis toujours ajustée à ce qu'il pouvait souhaiter de la part de son épouse[c]. »

On ferait toutefois fausse route en pensant qu'elle a subi ce destin, car elle l'a bel et bien choisi. « Est-ce que j'ai parfois l'impression d'être utilisée par lui ? Mais non, ce mot est affreux ! affirme-t-elle avec sincérité en 1988 à la télévision. J'ai tenté depuis vingt ans d'aider mon mari. Mais je l'ai fait parce que je l'ai voulu. Je n'ai fait que ce que j'ai voulu[f] ! »

Dotée d'une très forte personnalité, elle saura même s'émanciper au fil des années, « Quand on est la femme de Jacques Chirac, on ne peut pas rester effacée, dit-elle. Sinon, on est écrasée[c]. » Et elle passera à l'acte, multipliant les actions culturelles, s'investissant en faveur des hôpitaux, creusant son sillon en Corrèze, obtenant contre la volonté de son époux sa fameuse licence d'archéologie. Cela ne convient pas au coq dont elle partage la vie ? Tant pis pour lui ! Elle assume. « Ça ne plaît pas toujours à mon mari, qui a une idée de la femme encore assez démodée, plus proche des traditions corréziennes que de la vie parisienne. Il considère qu'après tout la femme est mieux à la maison. Je n'ai aucune raison de me plier à ses idées[c]. »

Il est amusant, de ce point de vue, de voir avec quelle conviction elle a soutenu la féminisation de la représentation politique. « Les hommes ne se rendent pas compte, à mon avis, de ce que la parité va générer dans les années à venir, déclare-t-elle en 2001. Ils vont se trouver dépossédés d'une quantité de postes sur lesquels ils avaient la mainmise exclusive [...]. Croyez-moi, la parité va changer beaucoup de choses. Les hommes ne sont pas au bout de leurs surprises[c]. » Une déclaration d'ordre général, certes, mais dont il n'est pas impossible qu'elle vaille en particulier pour son époux…

# 18

## « Mon mari se prend pour le pape ! »

Qui a dit que l'humour servait à consoler les êtres humains de ce qu'ils sont ? La maxime, en tout cas, pourrait être celle du couple Chirac, tant il est vrai que ses deux membres ont l'un et l'autre beaucoup d'esprit, même s'ils ne jouent pas sur le même registre.

L'ancien président est un adepte du comique troupier, et volontiers gaulois. « Un matelas Treca pour niquer sans tracas » fut longtemps l'une de ses formules favorites. « Le chocolat, c'est bon pour le sexe et pour le moral. À mon âge, essentiellement pour le moral… », lança-t-il, la vieillesse venue, lors d'une réunion[a]. De même qu'il répondit à un ministre de Lionel Jospin qui lui signalait, lors d'un voyage officiel, la beauté d'une jeune Inuite : « Pourquoi croyez-vous que j'aie mis mes lunettes[a] ? »

Chez cet homme madré, la plaisanterie a souvent été un bon moyen de tenir des propos politiquement incorrects. « Il se disait qu'en forçant le trait, cela pourrait passer pour du second degré », analyse l'une de ses amies. Sa fameuse phrase sur la femme corrézienne en est l'un des meilleurs exemples, mais elle n'est pas le seul. « Tous les matins, il me dit que j'ai de la chance de l'avoir épousé. Il le dit avec humour, mais il le pense vraiment », assure ainsi Bernadette Chirac[b].

De son côté à elle, pas de blague à deux sous, ni de calembour digne de l'almanach Vermot. Elle a hérité du côté pince-sans-rire de sa mère, que cette personnalité à la fois drôle et méchante a érigé en arme redoutable contre ses ennemis. « Bonjour, monsieur le stratège », lance-t-elle ainsi à Dominique de Villepin au lendemain de la dissolution ratée de 1997, que le secrétaire général avait défendue avec sa grandiloquence habituelle[a].

L'humour lui sert aussi à exorciser ses peurs. Lors d'une visite officielle en Algérie, qu'elle juge risquée pour la sécurité de son conjoint, elle prévient les conseillers qui l'ont préparée : « J'ai un fusil qui me vient de mon père. Si par hasard il arrivait malheur à mon mari, vous apprendrez à vos dépens que je sais m'en servir[c]… »

Contrairement à l'image que l'on a d'elle à l'extérieur, elle joue régulièrement les boute-en-train dans les soirées, de préférence au détriment de son époux. Un témoin se souvient par exemple de ce dîner où, dans un restaurant corrézien, elle a raconté la nuit où il l'a réveillée à 5 heures du matin en lançant un très sonore :

— J'ai faim !

— Jacques, vous êtes insupportable. Cela fait soixante ans que vous m'embêtez. Cela suffit. Je ne me lèverai pas. Et vous ne voulez tout de même pas appeler le personnel à 5 heures du matin ?

— Non. Mais je suis capable de me faire une omelette.

— Eh bien, faites donc !

Elle poursuit : « Il se lève. Pour ma part, j'avais pris la résolution de ne pas sortir du lit, mais quand j'ai entendu un vacarme épouvantable dans la cuisine, j'ai fini par aller voir ce qu'il se passait. J'ouvre la porte : c'était Beyrouth un soir de bombardement ! Il m'avait mis des œufs partout ! »

Un autre soir, toute l'assistance se tord de rire en l'entendant raconter la soirée que le président chinois et son épouse ont passée dans leur château de Bity. « Sachant qu'ils dormaient sur place, j'avais prévu un repas corrézien bien consistant, de telle sorte qu'ils découvrent la cuisine locale et sortent de table rassasiés. À la suite de quoi, tout le monde part se coucher. Enfin, théoriquement. Parce que, très vite, j'entends des bruits dans l'escalier et je vois des lumières allumées dans les chambres des invités. En fait, ils n'avaient pas apprécié le dîner et s'étaient fait livrer, avec la complicité de l'un de mes collaborateurs, des plats chinois qu'ils mangeaient en douce dans leurs chambres ! »

Bref, quand ils sont en verve, cela ressemble à un festival. « Ils me font souvent mourir de rire », assure François Baroin, qui les connaît depuis son enfance. Bernadette adore, par exemple, lui rappeler qu'elle est d'extraction aristocratique et qu'elle l'a sorti en quelque sorte de la fange :

« Avec mes origines, j'aurais pu faire un mariage royal !

— C'est ça, lui réplique-t-il, avant d'enchaîner, fort de ses connaissances sur les origines de l'humanité. Où était votre famille à cette époque ? Elle mangeait comme les singes dans les arbres[e]… »

En public, aussi, ils multiplient les bons mots. À l'occasion de l'exposition sur un peuple d'Amérique du Sud exterminé par les Européens, les Taïnos, que Jacques Chirac fait organiser en 1994, le maire de Paris s'exclame : « Cette pièce à trois pointes, c'est bien la représentation du pénis, et ce pénis est à l'évidence dans toute sa gloire ! » Réplique de son épouse : « Que voulez-vous ? Mon mari est passionné, et pas seulement par la chose politique[d]. » Un autre jour, il assure à un prêtre qu'il apprécie : « J'aime beaucoup vos sermons. On devrait vous nommer évêque. » Réponse du tac au tac de sa femme : « Vous voyez, mon mari se prend pour le pape[d]. »

Jacques et Bernadette Chirac ont eu bien raison de plaisanter de temps à autre. Car la situation dramatique de leur fille Laurence ne leur en a pas donné toujours l'occasion…

# 19

## « Devoir se battre pour Laurence les a enchaînés l'un à l'autre »

Le 17 mai 1995, après deux échecs successifs, Jacques Chirac est enfin intronisé président de la République française. Au sein de l'assistance qui se presse dans la vaste salle des fêtes de l'Élysée, personne ou presque ne remarque la présence d'une jeune femme, d'apparence fragile. Il faudra que le nouveau chef de l'État s'approche d'elle et l'embrasse, seule parmi la foule, pour que l'incroyable hypothèse prenne corps. C'est bien sa fille, Laurence, dont les apparitions publiques sont devenues rarissimes depuis vingt ans. Elle s'éloignera sitôt la cérémonie terminée.

Dans la famille, elle est l'Absente, avec un grand A. Celle que l'on n'aperçoit jamais. Celle dont le nom n'est prononcé qu'à voix basse. Celle qui, depuis la survenue de sa maladie, est devenue le principal tourment de ses parents. En ce jour solennel, Jacques Chirac a donc tenu à l'associer à son triomphe, afin de signifier à tous que son clan compte bel et bien quatre membres et non pas trois, comme certains ont tendance à le penser. Pendant la campagne, à un journaliste qui l'interrogeait sur le rôle de Claude, omniprésente à son côté, il avait répondu, martial : «Mes filles et ma femme ont un rôle essentiel», en insistant sur «mes[a]». Bernadette est sur la même longueur d'onde. «Le soir du second tour de la victoire, elle a quitté la soirée organisée chez François Pinault pour se rendre au domicile de Laurence», affirme Françoise Limoujoux[b].

Tous leurs proches le savent, leur fille aînée a été à la fois la tragédie et le ciment du couple Chirac. «Cette épreuve les a soudés», disait leur amie Claude Pompidou[c]. «Devoir se battre pour elle les a enchaînés l'un à l'autre», confirme Bernard Bled[b]. «La vie de Laurence a basculé dans un enfer qui pendant très longtemps semblait sans fond, a reconnu, dans l'une de ses rares confidences, sa sœur Claude. Cela a donné une solidité et une puissance aux liens qui nous unissent tous les quatre et qui, évidemment, sont un peu au-delà de la norme[d].»

«Un enfer.» Le terme est fort, mais il est juste. En 1973, alors qu'elle passe des vacances en Corse, Laurence contracte une méningite. Elle a quinze ans, Claude onze. La maladie est mal diagnostiquée, un temps précieux est perdu. La méningite génère bientôt une anorexie mentale, laquelle s'accompagne d'une profonde dépression. La jeune fille enjouée, brillante intellectuellement, douée pour le piano, sombre. Elle perd le goût de vivre, refuse de se nourrir, maigrit effroyablement – elle pèsera jusqu'à vingt-sept kilos, révélera plus tard sa mère[e]. Face à ce trouble mal connu, les médecins pataugent. La théorie veut que l'on sépare les anorexiques de leurs parents, en les plaçant dans des cliniques… La théorie est appliquée dans toute sa rigueur. L'isolement est total, ni visites, ni lettres, ni appels téléphoniques. Au passage, l'on fustige les parents, en incriminant, selon les écoles, l'absence du père ou la relation entre la mère et la fille.

Au fil des ans, la situation empire : Laurence tente à plusieurs reprises de mettre fin à ses jours. «Le 18 avril 1987, alors que nous venons d'atterrir en Thaïlande […], elle se jette du quatrième étage de son appartement parisien», écrit son père dans ses Mémoires[f]. Elle en réchappe miraculeusement, mais son corps est brisé. S'ensuit une longue convalescence aux Invalides, où elle s'oppose régulièrement aux soins qu'on lui administre. Refuse de marcher. Devient boulimique.

Oui, un enfer.

Bernadette et Jacques Chirac sont dévastés. Les premiers temps, son père s'organise pour partager ses repas avec Laurence, conformément aux instructions des médecins. Les jours où son agenda prévoit un déjeuner officiel, il est contraint de se mettre à table deux fois, un exercice que son estomac surmonte sans grande difficulté. Mais, pour l'essentiel, c'est son épouse qui s'occupe de leur fille malade au quotidien. Elle, qui remue ciel et terre pour tenter de trouver des spécialistes compétents. Elle, qui l'aide à passer son diplôme de médecine. Elle qui, après sa défenestration, se met en quête d'un logement de plain-pied. Elle qui recrute des infirmières et des aides-soignantes pour assurer une présence à ses côtés vingt-quatre heures sur vingt-quatre. Elle qui, le plus souvent, l'encourage à se nourrir. « Il m'est arrivé de dîner en leur compagnie à l'Hôtel de Ville ou à Bity, se souvient Béatrice de Andia. Bernadette lui disait : "Maintenant, tu manges", mais Laurence restait là, ouvrait la porte du réfrigérateur, la refermait, ne prenait rien. Et plus on insistait, plus elle se cabrait. C'était horrible[b]. »

C'est elle, enfin, qui garde le contact le plus étroit avec leur fille après son départ du domicile familial. « Elle allait la voir quasiment tous les jours », témoigne Laurence Reculet[b]. Un usage auquel elle restera fidèle après l'élection de son conjoint à la présidence de la République. « Pendant douze ans, elle est allée dormir chez Laurence une fois par semaine, en quittant l'Élysée son oreiller sous le bras », rapporte Caroline Pigozzi[g]. Les mauvais jours, il arrive que Laurence refuse de lui ouvrir.

Parfois, Bernadette Chirac craque. On la voit éclater publiquement en sanglots ou assister, ravagée par le chagrin, à certaines cérémonies. Cela ne dure pas. Toujours, vaillant petit soldat, elle se relève et repart au combat, fidèle à sa philosophie de la vie. « Ne jamais baisser les bras. D'ailleurs, je n'ai pas le choix. Tant qu'on est là, il faut vivre au jour le jour. Et lutter[h]. » Lutter pour soulager la détresse de sa fille. Et pour protéger son époux. « J'essaie d'en parler le moins possible à mon mari, confirme l'intéressée. Ce n'est pas la peine d'insister, à quoi cela servirait-il ? À rien. Il a un lourd fardeau à porter. Il faut lui dire des choses joyeuses, lui parler de Martin [leur petit-fils], de l'avenir[i]... » Jacques Chirac lui en sait gré. « Je tiens à souligner que ma femme a eu ce mérite extraordinaire d'avoir toujours fait en sorte que ce problème m'affecte le moins possible au fil de mes responsabilités et ambitions successives, et elle continue à tout faire pour l'assumer entièrement», confiait-il à Pierre Péan en 2006[i].

Il n'en reste pas moins obsédé par le destin de sa fille aînée. Non seulement il se sent impuissant, mais il éprouve un profond sentiment de culpabilité, comme l'attestent ses Mémoires. Tout en rappelant qu'on «n'a jamais réussi à déterminer l'origine» de l'anorexie mentale, il ne retient qu'une hypothèse, la plus cruelle pour lui. «Cette maladie pourrait être liée à la frustration que l'enfant, dès son plus jeune âge, a pu éprouver dans les rapports avec son père», écrit-il[f]. Comme souvent, Chirac est le procureur le plus impitoyable de Chirac.

On comprend mieux, dès lors, la portée de son geste du 17 mai 1995. Laurence est à la fois l'amour éperdu et la mauvaise conscience d'un homme persuadé d'avoir sacrifié sa fille à son ambition. Ce jour-là, il a tenté comme il a pu de lui demander pardon.

# 20

## « Il me paraissait impensable de publier un communiqué assurant que ma fille était toujours vivante »

Depuis des semaines, court dans Paris une rumeur infondée que personne ne semble pouvoir arrêter : « Laurence Chirac est morte ; elle a été enterrée clandestinement. » Depuis des semaines, le maire de Paris et son épouse reçoivent des lettres de condoléances incongrues. Depuis des semaines, ces missives sincères, parfois déchirantes, souvent écrites par des amis, aggravent le désespoir de ces parents déjà torturés par le mal-être psychologique et la douleur physique de leur fille aînée[a].

Comment réagir, sinon par le silence ? « Que pouvions-nous faire d'autre que de nous taire, expliquera l'ancien président dans ses Mémoires[b]. Il me paraissait impensable de publier un communiqué assurant que ma fille était toujours vivante. Et puis, d'une certaine façon, ce drame ne concernait que nous. » Ces jours effroyables ravagent littéralement Jacques Chirac.

Il aura fallu arriver à de telles extrémités pour qu'il éprouve le besoin de se confier. « Nous nous connaissions depuis près de quarante ans et, jusqu'à ce jour, il n'avait jamais fait allusion à Laurence, témoigne Philippe Alexandre. Le hasard a voulu que nous ayons rendez-vous à l'Hôtel de Ville au moment où circulaient les rumeurs concernant le décès de sa fille. Avant d'entrer dans son bureau, j'ai évoqué le sujet avec sa secrétaire, Denise Esnous :

— Il lui arrive un sale coup. J'aimerais lui en parler, mais je ne suis pas sûr que ce soit une bonne idée.

— Au contraire, m'a-t-elle répondu. Cela lui fera du bien.

Alors je lui ai posé la question. Et, en effet, il s'est livré, longuement. Visiblement, il était sonné, très éprouvé[c]. »

De tels épanchements sont tout à fait exceptionnels chez cet homme excessivement pudique. En temps ordinaire, Chirac se refuse à toute effusion. En tant que personnage public, il est passé maître dans l'art de dissimuler ses sentiments profonds sous un masque : il mêle habilement éclats de rire outrés, blagues à deux sous et conversations sur des sujets sans risque pour son être profond. Une technique mise au point pour ne jamais effleurer les questions essentielles, Laurence, en particulier, ainsi qu'en témoignent tous ses proches. « À son propos, Jacques est toujours resté discret. Il ne fallait pas lui en parler » (Pierre Mazeaud). « On savait que c'était le problème le plus grave qu'il avait à gérer. Il se confiait très peu, ou alors de manière anodine » (Michel Roussin). « En trente ans, nous avons peut-être abordé la question deux ou trois fois. Et encore. Il me disait simplement : “C’est vraiment dur” et l’on passait à autre chose» (Thierry Breton). «C’était vraiment le sujet intouchable[c]”» (Dominique Perben).

Un homme qui se dévoile aussi peu en privé est moins disert encore au grand jour. Il faudra attendre 2006, à la toute fin de sa carrière politique, pour qu’il livre une première confidence relative à Laurence. «Il n’y a aucune raison de le nier... Cela a été et c’est le drame de ma vie. J’ai une fille qui était intelligente, jolie et qui, à quinze ans, a été prise d’anorexie mentale [...]. Elle est tombée profondément anorexique et, en vérité, n’en est jamais sortie», souffle-t-il à Pierre Péan[d]. Il a soixante-quatorze ans.

D’une nature plus spontanée que son mari, Bernadette Chirac, elle, n’hésite pas à évoquer sa douleur, en privé du moins. «Au début de ma carrière, j’étais en bons termes avec elle et nous nous entretenions souvent de Laurence, se souvient Jean-Pierre Dupont. Elle en parlait librement, en me donnant beaucoup de détails[c].»

En public, en revanche, elle aussi opte pour le mutisme, du moins jusqu’en 1995, date d’un entretien décisif avec Patrick Poivre d’Arvor. «Comme Laurence, ma fille Solenn a été victime d’anorexie mentale, rappelle le journaliste. Quand elle s’est donné la mort, fin janvier 1995, je suis allé voir Bernadette Chirac et je lui ai dit ceci : “Nos deux enfants ont terriblement mal vécu l’emprisonnement qu’on leur a fait subir. Nous devons essayer de créer autre chose.” À ce moment-là, elle était encore prisonnière de sa pudeur personnelle et refusait de communiquer sur ses malheurs. Elle trouvait que cela ne se faisait pas. J'ai dû insister : "Si vous voulez faire bouger les choses, vous devez vous impliquer. En tant que personnalité publique, vous pouvez être très utile en vous affichant comme mère d'anorexique." Elle a été sensible à cet argument et, aujourd'hui, elle ne regrette pas d'avoir changé de position car c'est ainsi qu'elle a réussi à créer la Maison de Solenn[c]. »

Désormais, Bernadette Chirac est résolue à parler de Laurence aux Français.

## 21

## « Alors, je me suis bagarrée… »

Bernadette Chirac a deux surnoms, *a priori* antinomiques, « la tortue » et « le bulldozer ». Contradiction strictement apparente, en réalité. Quand l'ancienne première dame se fixe un but, elle avance lentement, mais rares sont ceux qui parviennent à la faire dévier de sa route.

En 2014, elle assiste à Nice à l'inauguration de l'Institut Claude-Pompidou, réservé aux victimes de la maladie d'Alzheimer, un établissement à la pointe de la modernité dont la veuve de l'ancien président avait lancé le projet et le lui avait transmis en héritage. « Avant son décès, elle m'avait dit : “J'y tiens beaucoup, vous ne pouvez pas me laisser.” Alors, je me suis bagarrée[a]. » C'est le moins que l'on puisse dire. « Elle a remué ciel et terre au quotidien pour obtenir les financements et suivre la construction du bâtiment. Sans elle, cet institut n'aurait pas vu le jour », assure Laurent Vigier, membre du conseil d'administration de la fondation Claude-Pompidou[a]. Pendant des mois, elle multiplie les allers et retours entre Paris et Nice ; prend l'avion à 7 heures du matin ; ne revient qu'à la nuit tombée ; assiste aux réunions de chantiers ; ferraille avec l'architecte. « J'ai dû beaucoup discuter avec lui. Je me suis battue, en fait », résume-t-elle de manière cocasse[a]. Ici, comme ailleurs, Bernadette Chirac veille à tout : à la décoration des chambres, aux aménagements des terrasses extérieures, aux liens avec le CHU de Nice… Elle impose même que l'on fasse pousser des liserons le long des poteaux en béton, qu'elle trouve atrocement laids. « Ils font Prisunic[a] ! »

Elle déploie la même énergie pour la Maison de Solenn, créée boulevard du Port-Royal, à Paris. Baptisée ainsi évidemment en souvenir de la fille disparue de Patrick Poivre d'Arvor, elle est dédiée aux adolescents atteints de dépressions nerveuses, de névroses obsessionnelles, de désordres de la nutrition… « Bernadette Chirac a réussi à surmonter des difficultés statutaires invraisemblables pour recruter le pédopsychiatre Marcel Rufo, que nous voulions nommer président, souligne, admiratif, le journaliste. C'est un véritable bulldozer. Elle est allée voir Jack Lang, le ministre de l'Éducation ; Bernard Kouchner, le ministre de la Santé ; Bertrand Delanoë, le maire de Paris. Aucun n'était de son bord, mais elle a obtenu tout ce qu'elle a voulu[a]. »

Le 17 décembre 2004, enfin, c'est le jour de l'inauguration. Un édifice clair composé d'un centre d'écoute, une cafétéria, une bibliothèque, un salon de beauté, une salle de danse. Un établissement accueillant des professionnels spécialisés : psys, médecins, kinés. Une première en France.

Bien sûr, c'est une telle structure que l'ancienne première dame aurait voulu trouver en 1973, quand Laurence a plongé dans l'anorexie mentale. « Il est certain que si ma fille aînée n'avait pas été frappée par cette terrible maladie, je ne me serais jamais rendu compte des complications pour trouver ce genre d'établissement. J'ai donc découvert qu'il n'y avait rien. J'ai pensé non seulement à Laurence, mais aussi à tous les parents désorientés par la maladie. D'où mon combat et ma détermination », explique-t-elle sans faux-semblant à *Paris Match* en 2014. Il existe aujourd'hui une soixantaine de maisons des adolescents à travers le pays.

En 2004, Jacques Chirac ne s'est pas déplacé pour l'inauguration. Trop de pudeur, trop de souffrance, et la volonté de laisser Bernadette au premier plan : après tout, cette maison, c'est un peu son bébé. Et puis, par tempérament, l'ancien président préfère rester en retrait. Si sa femme, pragmatique, transforme sa douleur en action, lui a tendance à la fuir dans l'hyperactivité. « Chirac fonctionne à la culpabilité, souligne Franz-Olivier Giesbert. Tout est toujours sa faute, et il faut qu'il paie. D'où son évasion dans le travail, qui revêt chez lui un aspect de mortification[a]. »

Il agit, en fait, mais indirectement. Est-ce un hasard s'il est à l'origine de trois grandes lois qui ont fait avancer le sort des handicapés, en 1975, en 1987 et en 2004 ? Un hasard s'il s'est tant investi auprès d'eux dans les centres éducatifs spécialisés qu'il a créés en haute Corrèze ? Sans doute pas, même si, chez lui, cette sensibilité n'est pas réductible à Laurence. « Il a créé le premier centre à Peyrelevade en 1970, alors que sa fille n'est tombée malade qu'en 1973», rappelle Françoise Béziat, qui dirige aujourd'hui à Ussel la fondation Jacques-Chirac, spécialisée précisément dans l'accompagnement des personnes handicapées[a]. L'anorexie de sa fille a renforcé sa détermination, elle ne l'a pas fait naître.

La Maison de Solenn est le symbole le plus intime d'un engagement médical que Bernadette Chirac a amorcé dès les années 1990. En 1994, elle devient la présidente de la fondation Hôpitaux de France - Hôpitaux de Paris, dont l'objet consiste à améliorer la vie quotidienne des enfants, des adolescents et des personnes âgées hospitalisés. Son financement repose sur la fameuse opération Pièces jaunes, dont elle n'a pas eu l'idée, elle le reconnaît aisément, mais à laquelle elle donne une nouvelle dimension. Douée pour la médiatisation, elle multiplie les tournées à travers la France, ne ménageant jamais sa peine.

Cet engagement sincère lui vaut une popularité croissante. La voilà propulsée dans les enquêtes de notoriété, invitée chez Michel Drucker, abordée avec chaleur dans la rue. «C'est grâce à vous que mon petit-fils, atteint d'une leucémie, a été soigné en métropole», lui déclare par exemple en 2004 une grand-mère sur le parvis d'une église de La Réunion, où les Chirac passent leurs vacances[b]. «Les retombées étaient énormes. Elle a compris peu à peu que cela constituait un tremplin pour elle», souligne Laurence Reculet[a].

«Comme nous toutes, elle avait été éduquée, programmée presque, dans le but exclusif de servir un mari. Peu à peu, elle a su évoluer avec son époque, conquérir une part d'autonomie, se construire un domaine où elle existait», souligne Marie-Thérèse François-Poncet[a]. L'aventure des Pièces jaunes marque une étape décisive dans l'émancipation de Bernadette Chirac. Ce n'était pas la première, ce ne sera pas la dernière.

# 22

« Puisque c'est ainsi, vous irez, vous, Bernadette ! »

En 1966, les lave-linge sont encore rares en France, et plus encore dans le Massif central. Dans son petit appartement de l'avenue Carnot, à Ussel, c'est donc dans une bassine que Bernadette Chirac lave les vêtements du ménage. Ses origines aristocratiques donnent à la scène un caractère un brin décadent, mais peu lui importe. Car dans son esprit, les choses sont claires. Conformément à son éducation, elle a résolu de servir la carrière de l'homme dont elle partage la vie. Sa philosophie tient en une phrase : « Une épouse, une vraie, porte les couleurs de son mari[a]. » Or, son mari vient de prendre une décision capitale, il veut devenir député de cette circonscription de haute Corrèze et, pour cela, doit en permanence se présenter sous son meilleur jour. Bernadette en a tiré les conclusions : s'il lui faut laver les chemises de Jacques dans une bassine, elle lavera les chemises de Jacques dans une bassine. Elle est, déjà, une femme de devoir.

À son grand regret, elle ne peut pas toujours être au côté de son conjoint. À l'époque, leurs deux filles,

Laurence, huit ans, et Claude, quatre ans, sont bien jeunes. Mais dès qu'elle le peut, elle l'accompagne sur les routes sinueuses du plateau de Millevaches. Au demeurant, cette vie aventureuse, si éloignée pourtant des conventions bourgeoises, revêt parfois des aspects distrayants. « Un jour, avec Bernadette et mon époux, André, nous sommes partis coller des affiches dans la campagne, se souvient son amie Françoise Limoujoux. André, qui connaissait parfaitement les villages du pays, s'est arrêté devant une grange en disant : “Ici, le paysan est communiste. Placardez la tête de Jacques sur la porte de sa grange ! Demain, il fera une drôle de tête !” C'est ce que l'on a commencé à faire, jusqu'au moment où les chiens se sont mis à aboyer. Nous avons détalé l'une comme l'autre sans demander notre reste. Et nous avons bien ri[b] ! »

Combien de voix les portraits de son mari apposés dans les emplacements les plus improbables ont-elles permis de recueillir ? Combien d'électeurs la blancheur immaculée de ses chemises a-t-elle fait basculer ? Nul ne le sait. Toujours est-il qu'à la surprise générale, Jacques Chirac est élu député en 1967 dans une circonscription *a priori* imprenable. Le premier exploit électoral d'une carrière qui le mènera au sommet.

Bernadette l'ignore encore, mais elle découvre là les rudiments d'une fonction politique qui sera un jour la sienne. Car en 1979, c'est à elle que Jacques intime l'ordre de se présenter. Il est vrai que, cette année-là, l'heure est grave. La majorité de droite de l'assemblée départementale, qu'il préside depuis 1970, ne tient qu'à un fil. Comble de malheur, Henri Benassy, le conseiller général de Corrèze (chef-lieu d'un canton qui porte le nom du département), vient de se tuer dans un accident de voiture. Il est primordial de trouver quelqu'un de crédible pour remplacer ce médecin de campagne dévoué et très populaire. Mais qui ? Plusieurs candidats se haussent du col, mais aucun ne s'impose vraiment. Depuis son lit de souffrance de l'hôpital Cochin, où il se remet du très grave accident de voiture qu'il a subi le 26 novembre de l'année précédente, Chirac a parfaitement analysé la situation : sauf retournement de situation, la défaite se profile…

Alors, il cherche, il interroge, il écoute. « Tous les maires du canton téléphonaient à mon mari à l'hôpital, se souvient Bernadette Chirac. Ils lui demandaient : "Ça va ? Tu ne souffres pas trop ? Bon, et pour le canton, tu as réfléchi ? On n'a toujours personne[b] ?" » Eh non, personne…, jusqu'au jour où quelqu'un ose lui souffler un nom, ou plutôt un prénom inédit : « Bernadette » ! Après tout, si Chirac est déjà élu dans le canton voisin de Meymac, rien ne l'empêche de se présenter par dérogation, *via* son épouse. Le château de Bity, où réside le couple, ne se situe-t-il pas précisément au cœur du canton de Corrèze ? « On avait évoqué cette hypothèse entre nous, se souvient Jean-Pierre Dupont, qui fut longtemps le bras droit de Chirac dans le département. Lui, non, en tout cas, il ne nous en avait jamais parlé. D'ailleurs, au départ, il s'est montré réticent. Il répugnait à l'idée d'envoyer sa femme dans la bagarre électorale ; il considérait qu'elle n'avait pas la pugnacité nécessaire pour affronter l'âpreté du milieu politique. Il lui a fallu du temps, mais, peu à peu, il s'est laissé convaincre[b]. »

Une fois sa décision prise, Jacques Chirac s'en ouvre à Bernadette. Cette fois, c'est elle qui refuse ! Jean-Claude Laumond, qui fut le chauffeur de la famille de 1974 à 1999, raconte la scène[c].

« Nous dînions tous les trois dans la salle à manger de Bity, quand le Grand lâcha tout à trac :

— Eh bien, puisque c'est ainsi, vous irez, vous, Bernadette.

— Mais, Jacques, vous n'y pensez pas !

— Taratata ! Vous vous débrouillerez très bien. On vous épaulera. Et je vous prêterai Laumond. »

Elle hésite encore ? Il assène le coup de grâce en jouant sur le point faible de son épouse, l'incontournable sens du devoir. « La voix du docteur Benassy était indispensable. Si on perd le canton de Corrèze, on perd la majorité au département. Vous ne pouvez pas me faire cela[b]. » Bernadette finit par s'incliner.

Il reste cependant à régler un détail qui n'en est pas un : remporter l'élection. Or, si la victoire est impérative, elle est loin d'être acquise. Le canton de Corrèze est une terre radicale-socialiste. Un terreau idéal pour l'homme de compromis qu'est Jacques Chirac, beaucoup moins pour la militante de droite convaincue qu'est Bernadette.

Heureusement, la novice dispose en la personne de son conjoint du meilleur des précepteurs. « En 1979, Jacques a beaucoup protégé Bernadette, souligne Jean-Pierre Dupont. Il l'accompagnait en personne de temps à autre, mais surtout il supervisait sa campagne, par l'intermédiaire de sa fidèle collaboratrice chargée de la Corrèze, Annie Lhéritier. Elle lui préparait les discours, s'occupait de la logistique, faisait le tour des maires du canton en leur disant : "Attention ! Mme Chirac va tenir une réunion publique chez vous dans trois jours. Il faut qu'il y ait du monde. Battez le rappel[b]." »

Bernadette ne se contente pas d'être chaperonnée, elle se dépense sans compter. Et si elle n'est pas toujours à l'aise, elle met indéniablement du cœur à l'ouvrage. La voilà sillonnant les routes départementales, entrant dans les fermes, offrant une tournée dans les cafés, s'informant des préoccupations de la population... Pour la première fois, elle utilise pour elle-même les méthodes qu'elle applique depuis treize ans au profit exclusif de son époux. Elle raconte : « Pendant des années, à sa demande, j'ai rencontré des maires à qui il avait des messages à faire passer. J'ai fait la tournée des hôpitaux de sa circonscription. J'ai visité les maisons de retraite. Je portais un petit colis pour Noël à chacun, et surtout à chacune. C'étaient des choses très modestes, un paquet de bonbons, une serviette de toilette... J'ai accompli tout cela pour lui rendre service. Finalement, cela m'a bien été utile[b]. »

Exact. Le 25 mars 1979, Bernadette Chirac est élue haut la main conseillère générale du canton de Corrèze en recueillant 55 % des suffrages exprimés. Pour elle, c'est une étape décisive. Bien sûr, dès 1971, elle était entrée au conseil municipal de Sarran, à la demande du maire de l'époque. Mais elle était la châtelaine de ce bourg de 300 habitants et son élection n'avait été qu'une formalité. Cette fois, elle a dû se battre contre des adversaires qui ne l'ont pas ménagée, mettre son prénom et son visage au premier plan, parler en public, multiplier les réunions électorales. C'est autre chose. Et cela lui a plu.

Sa victoire s'est, comme prévu, révélée décisive. Au soir du second tour, la droite compte 15 sièges, la gauche autant. Le RPR et l'UDF conservent la présidence au bénéfice de l'âge. Sans le canton de Bernadette, le département basculait bel et bien aux mains des « socialo-communistes » – selon l'expression qu'affectionnait alors Jacques Chirac.

Sa performance est d'autant plus remarquable qu'elle devient à cette occasion la toute première femme élue au sein de l'assemblée départementale corrézienne. Une petite révolution, y compris pour son macho de mari. « À l'époque, dira-t-elle en forme d'allusion peu transparente dans son livre *Conversation*[a], les hommes avaient volontiers le sentiment que les femmes étaient à leur disposition. Nous sommes bien commodes et puis, quand viennent les choses sérieuses, disparaissez ! Cela m'agaçait profondément. »

Il lui faudra toutefois patienter encore quelque temps pour être considérée comme une conseillère générale de plein exercice. Le jour de la séance inaugurale, Jean-Pierre Dupont a la surprise de se retrouver assis entre… les deux époux Chirac. « C'est Jacques qui avait tout organisé. Sans me prévenir, il s'était arrangé avec les services du département pour que je siège entre eux. Il ne voulait pas qu'on les voie côte à côte sur les photos[b]. »

Cette configuration l'empêche toutefois de communiquer avec cette néophyte qu'il tient absolument à cornaquer. Il lui transmet donc sans cesse des petits papiers, par le truchement de Dupont. « En général, cela tenait en deux mots : "Taisez-vous" », dit celui-ci en souriant. Une manière de marquer son autorité, bien sûr, mais aussi de la protéger. En 1979, le conseil général de Corrèze compte encore quelques vigoureux représentants du parti communiste, qui rêvent d'en découdre avec cette aristocrate inexpérimentée.

Les premières années, Bernadette ne prend donc la parole que sur des sujets anodins, quand elle n'est pas tout simplement réduite au silence.

Cela ne durera pas.

# 23

## « Dans mon canton, je peux entrer dans n'importe quelle ferme »

Bernadette Chirac va mettre quelques années à en prendre conscience, mais ce plongeon dans le grand bain électoral va changer sa vie, y compris celle de son couple. Oh ! bien sûr, avec son pauvre canton de 3 500 habitants, elle fait pâle figure au côté de son conjoint, qui contrôle et la puissante ville de Paris et le RPR, quand il n'occupe pas de surcroît l'hôtel Matignon. Mais il permet à cette femme intelligente de concilier enfin ses deux aspirations les plus profondes, servir la carrière de son mari, tout en se réalisant elle-même.

Terminé, le temps où, à son arrivée en gare de Brive, le chef de gare ne l'aidait même pas à porter ses lourdes valises[a]. Oubliée, l'époque où chacun décrivait Bernadette comme une personnalité terriblement effacée, timide, à peine entraperçue à l'arrière-plan d'un mari solaire. Peu à peu, la si discrète « épouse de Jacques Chirac » va se forger un prénom, être reconnue pour ses qualités propres, prendre des décisions seule. Elle a quarante-six ans, c'est une découverte, et elle n'a pas de prix.

Mais pour cela, il lui faut réussir. Prouver à son homme qu'elle peut exceller dans son domaine de compétence exclusif, la politique. Le défi est considérable et, à la vérité, personne ne pense qu'elle puisse être à la hauteur. Imagine-t-on Mme Karajan diriger l'Orchestre philarmonique de Berlin ?

C'est mal connaître cette femme de caractère qui, lorsqu'elle se fixe un objectif, se donne les moyens de l'atteindre sans mesurer sa peine. À l'instar de son époux, elle commence par se montrer dans le moindre village. On la voit à l'inauguration de la nouvelle mairie de Marcillac-la-Croze, sur le marché d'Égletons, lors de la remise du colis de l'amitié à la maison de retraite de Corrèze. Elle ne manque ni la journée de l'élevage ni la fête des pompiers de la Sainte-Barbe, où elle peut rester pendant six heures[a]. Elle n'a certes pas le talent relationnel de son Jacques, mais nul ne peut le nier, elle se démultiplie sur le terrain. À Orliac-de-Bar, à Chaumeil, à Meyrignac-l'Église, elle finit par connaître chaque rue, chaque maison, chaque famille.

« Dans mon canton, je peux entrer dans n'importe quelle ferme, assure-t-elle sans forfanterie. L'homme me propose de l'eau-de-vie de prune et sa femme hurle (elle imite l'accent corrézien) : “Mais enfin, Serge, tu sais bien que Mme Chirac ne boit que de la tisane[b] !” »

Le contact, c'est bien, mais évidemment les électeurs exigent avant tout des actes. Sur ce chapitre-là non plus, ils ne seront pas déçus. Au fil des années, Bernadette va devenir la mère Noël de son territoire, en offrant à toutes les communes ou presque une réalisation d'importance. Le musée du Président, évidemment, mais aussi une résidence de tourisme, trois étapes du Tour de France, un concert de Johnny Hallyday, une aire d'autoroute, un lotissement de gendarmes, des routes départementales dignes d'un circuit de Formule 1, et l'on en passe...

Mieux encore, cette fervente chrétienne multiplie les emplois comme Jésus les pains, ce qui, en ces temps de chômage de masse, a tôt fait de l'élever au rang de bienfaitrice providentielle. Comment fait-elle ? À vrai dire, le secret de sa réussite n'en est pas vraiment un. «J'ai toujours su profiter de la position de mon mari, reconnaît l'intéressée avec franchise. Dès qu'un patron évoquait devant lui un projet d'implantation, il m'en informait et moi, j'allais le voir[b].» Lesdits patrons, bien sûr, savaient qu'en faisant plaisir à la conseillère générale du canton de Corrèze, ils marquaient des points auprès d'un homme politique de premier plan. Le b-a-ba des affaires.

Un exemple, entre cent. En 2006, Bernadette Chirac a rendez-vous avec Pierre Fabre, à Castres. L'industriel tarnais est avant tout un admirateur de Jacques Chirac, mais il a développé au fil des années une estime personnelle pour son épouse. Pour elle, comme pour lui, il est prêt à faire le maximum, même si ce n'est pas toujours raisonnable. Après tout, sa carrière est derrière lui, son empire est florissant et, à près de quatre-vingts ans, il estime avoir l'âge d'utiliser son argent comme bon lui semble, même si son directeur financier doit pousser des cris d'orfraie. Ce jour-là, il va le prouver.

« Mme Chirac m'avait gentiment proposé de l'accompagner, relate son ami médecin, Daniel Chasseing, élu du canton voisin de Treignac et aujourd'hui sénateur (Les Républicains). Pierre Fabre a commencé par nous faire visiter la ville. Il nous a montré la pharmacie où il avait commencé sa carrière, puis nous sommes allés déjeuner dans sa propriété. C'est pendant le repas que Mme Chirac a abordé le motif principal de sa venue :

— Je cherche à créer des emplois dans mon canton, a-t-elle annoncé franchement.

— Ne vous inquiétez pas, lui a répondu Pierre Fabre sans hésiter. Je vais faire quelque chose pour vous[b]. »

Quelques semaines plus tard, l'industriel créait un laboratoire dans la petite commune de Saint-Augustin. Banco.

Les exemples comme ceux-là sont légion. Dans la même zone d'activité de cette bourgade de 440 âmes, le bâtiment du pharmacien tarnais voisinait voilà encore quelques années avec un centre d'appel et un spécialiste du recyclage des appareils électroniques. Au total, quelque 140 emplois, tous créés à l'initiative de l'ancienne première dame.

Bernadette, il est vrai, a été à bonne école, car son mari procédait lui-même ainsi. Citons au hasard cette scène extravagante qui eut lieu à Meymac, modeste chef-lieu de canton dont il fut longtemps le conseiller général. Ce jour-là, il y a foule pour participer à l'inauguration d'un équipement réservé d'ordinaire aux grandes villes : une… colonne Morris faisant aussi office de Sanisette. Non seulement Jacques Chirac, alors député du cru, assiste à l'événement en personne, mais Jean-Claude Decaux, le P-DG de la multinationale qui porte son nom, se trouve également à son côté. «Pourtant, le même jour, d'autres Sanisettes étaient inaugurées à New York!» raconte en souriant Françoise Béziat. On s'en doute, si ce grand patron a choisi de venir en Corrèze, ce n'est pas seulement pour admirer la beauté des paysages. «Il était en cours de négociation d'un contrat sur le même thème avec la mairie de Paris, reprend Françoise Béziat. Et Chirac lui avait fait comprendre à quel point il apprécierait de disposer de quelques implantations en Corrèze[b].» Ainsi fut fait.

«S'il y en a un qui a toujours su maîtriser le fonctionnement des entreprises et de l'État, c'est bien lui, complète Dominique Perben, l'un de ses anciens ministres. Je l'ai constaté moi-même à la fin des années 1970, alors que je n'étais qu'un obscur chef de cabinet au ministère des PTT. Un jour, il me passe un coup de fil. Il ne m'appelle pas par hasard, vous vous en doutez, mais pour me demander d'installer des cabines téléphoniques dans sa circonscription. Je commence par lui rappeler que nous sommes en pleine pénurie, que je n'en ai que quelques centaines à distribuer pour tout le pays et que la Corrèze n'est pas vraiment prioritaire. Il ne se démonte absolument pas et me déroule au contraire la liste précise des localisations qu'il a déjà prévues, en ajoutant : "C'est très, très important." J'ai fini par lui donner satisfaction, bien sûr, car Chirac est malin. Il n'a pas contacté mon ministre, Norbert Ségard, qui risquait de lui résister. Il a joint un jeune clampin de trente-trois ans, en sachant pertinemment que je serais fortement impressionné de parler à un homme qui était à la fois maire de Paris, député de Corrèze, président du RPR et ancien Premier ministre. Et que je n'avais pas envie d'injurier l'avenir[b]. »

Parce qu'on ne s'en lasse pas, voici une dernière illustration de la méthode Chirac. Nous sommes en 1993 et Bernard Murat est alors le tout nouveau député RPR de Corrèze, élu dans la circonscription de Brive. « Alors que je viens d'entrer à l'Assemblée nationale, j'apprends que le 126e régiment d'infanterie de ma ville va être supprimé. Pour une petite sous-préfecture comme la nôtre, vous l'imaginez bien, c'est une véritable catastrophe. Ne sachant que faire, j'alerte aussitôt Chirac, le parlementaire le plus puissant du département. Son sang ne fait qu'un tour : il me prend par le bras, quitte l'hémicycle en pleine séance et m'emmène sur-le-champ vers le ministère de la Défense. Sans demander l'avis de personne, il entre comme une furie dans le bureau de François Léotard et lui intime l'ordre de revenir sur sa décision. » Résultat ? « Oh, ça n'a pas fait un pli. Léotard a obtempéré et le régiment a été sauvé[b]. »

Des leçons comme celles-ci, Bernadette en a donc reçu toute sa vie et n'aura de cesse de les appliquer à son tour. Ainsi a-t-elle obtenu, par exemple, la rénovation à grands frais du centre de secours et d'incendie de la commune de Corrèze, au cœur de son fief. Elle raconte[b] : « Je suis allée voir le ministre de l'Intérieur de l'époque, Claude Guéant. Je lui ai dit : notre caserne de pompiers est obsolète. Le problème, c'est que les petites communes ont de trop petits budgets. Vous le savez ?

— Oh oui, m'a-t-il répondu, je le sais bien.

— Alors, il faut m'accorder une subvention.»

999 fois sur 1 000, quand un modeste élu local engage un bras de fer avec un ministre, il le perd. Mais ce jour-là, la victoire est revenue comme par enchantement à cette conseillère générale pas comme les autres. À la clé, 200 000 euros.

C'est aussi simple que cela...

# 24

## « Quand je m'en vais vers Sarran, j'oublie tous mes soucis parisiens »

Le rapport de Jacques et de Bernadette Chirac à la Corrèze, pourtant, est différent. S'il est né et a grandi dans la capitale, l'ancien président entretient avec cette contrée difficile une relation charnelle où se mêlent souvenirs d'enfance (il y passait ses étés) et attaches familiales (ses quatre grands-parents y vivaient). Ses liens avec ce pays sont d'ordre physiologique, sensible, presque animal. « Chirac est un terrien. Il aime les paysans, les foires agricoles, les chemins boueux, les villages perdus. Cela le rapproche de Mitterrand et le distingue de Balladur, par exemple », souligne son vieil ami et ancien président du Conseil constitutionnel Pierre Mazeaud[a].

C'est pour cette raison que, en 1967, il refuse de se présenter dans une « bonne circonscription » de la capitale, comme le lui propose le Premier ministre Georges Pompidou. Tout comme, devenu maire de Paris, il refusera de devenir député de la Ville lumière. « Pour moi, la France, c'est ce qu'on a sous les semelles, dit-il. J'étais profondément corrézien. Je ne concevais pas de me présenter ailleurs que là où j'avais une attache avec la terre et les hommes qui vivent dessus[b]. »

Pour avoir grandi dans les châteaux familiaux du Loiret-Cher et du Lot-et-Garonne, Bernadette aussi connaît la campagne. Cela l'aide à comprendre la connexion tellurique de son mari avec la Corrèze ; cela ne suffit pas *a priori* à la partager.

Il demeure qu'elle s'est consacrée corps et âme à cette province reculée, avec une constance, un acharnement et une abnégation dont certains peinent encore à saisir la rationalité. « On se demande parfois si elle est au service du canton ou si le canton est à son service », s'interroge un élu local. Les deux hypothèses ne sont pas incompatibles. Si elle a tant donné à ce territoire, c'est pour contribuer à son développement, assurément, mais c'est surtout parce qu'elle y a trouvé une satisfaction personnelle. La Corrèze a été à la fois le lieu de son émancipation et le moyen d'impressionner son conjoint, en une perpétuelle tentative de le reconquérir.

Cela est si vrai que, de tous ses titres, c'est celui d'élue locale qu'elle revendique haut et fort. Le plus modeste, en apparence, mais celui qu'elle estime ne devoir qu'à elle-même et qui, pour cette raison, n'a pas de prix. En témoigne cette entrevue révélatrice avec Jean-Claude Gayssot.

Alors qu'il était ministre des Transports du gouvernement Jospin, ce communiste méridional et bon vivant reçoit la visite de Bernadette Chirac, venue défendre le projet de ligne à grande vitesse entre Limoges et Poitiers.

« Je connais mal le protocole, lui dit-il. Dois-je dire “madame la Présidente” ?

— La femme du président de la République n'existe pas, réplique-t-elle. En revanche, j'existe parce que je suis élue en Corrèze. Appelez-moi madame la conseillère[c]. »

Aussi son ancrage local revêt-il pour elle un caractère passionnel, au point que cette personnalité si sourcilleuse à propos du respect qui lui est dû supporte ici – ici seulement – des exceptions à cette règle d'ordinaire intangible.

Au mitan des années 2000, le conseil municipal de Sarran, dont elle l'élue depuis 1971, aborde un sujet sensible : le restaurant du musée du Président-Jacques-Chirac. Faute de crédits, celui-ci a été terminé avec les moyens du bord, et le résultat laisse objectivement à désirer. Dans la petite commune, on jase, on glose, on récrimine. Aussi un conseiller municipal s'aventure-t-il avec témérité : « On dirait un hall de gare avec du mobilier de jardin ! »

Bernadette n'est pas seulement surprise, elle est choquée. Avec tout ce qu'elle a apporté au village, la remercier ainsi ? Quelle ingratitude ! Furieuse, elle sort de la petite mairie et s'ouvre de l'incident auprès de l'une de ses connaissances.

— Ils ont été odieux avec moi ! J'ai bien envie de les laisser tomber.

— Madame Chirac, je ne comprends pas, s'enquiert son interlocuteur. Pourquoi vous donnez-vous tant de mal pour ces enfants gâtés ?

Alors, Bernadette, transparente :

— Croyez-vous qu'il soit facile de vivre avec quelqu'un comme mon mari ?

C'est donc aussi cela que lui offre la Corrèze, l'oubli de ses préoccupations quotidiennes, la maladie de Laurence, les tensions avec Claude, les frasques de son conjoint… « Ce que le canton m'apporte ? Une bouffée d'air frais ! confie-t-elle. Quand je prends le volant et que je m'en vais vers Sarran, j'oublie tous mes soucis parisiens, qui sont malheureusement nombreux[a]. » Ici, elle revit, elle s'oxygène, elle s'épanouit. Quand elle reçoit des visiteurs, elle aime montrer les réalisations qui s'y trouvent, et souligner qu'elles ne doivent rien au Président. Ailleurs, elle est reléguée au second rang ; sur ses terres, elle est la patronne. « L'onction du suffrage universel a fait d'elle une impératrice », résume joliment la journaliste Catherine Nay[a].

Son canton est donc le territoire où elle a pu prouver, à tous, sa valeur. À tous et d'abord, bien sûr, à son Jacques. Car c'est ce dont elle rêve le plus, que son satané époux reconnaisse enfin ses mérites, lui qui, en bon phallocrate, ne la complimente jamais. Et c'est par la Corrèze qu'elle aura tenté de le faire changer d'attitude.

## 25

## « Voilà, ça y est. Je suis élu »

Le 7 mai 1995, à 19 h 45, Jean-Eudes Rabut, alors chef de cabinet du maire de Paris, entre dans le bureau où Bernadette Chirac attend les résultats du second tour de l'élection présidentielle.

« Madame, le maire demande que vous montiez le rejoindre. »

Tendue, celle-ci gravit aussitôt le petit escalier Napoléon III qui mène à l'étage supérieur et entre dans l'immense bureau de son époux.

« Voilà. Ça y est, lui dit-il. Je suis élu[a]. »

La tendance était connue depuis 18 heures, mais le nouveau chef de l'État vient seulement d'en recevoir la confirmation officielle par le ministère de l'Intérieur.

Ils sont seuls. Seuls pour partager ce moment d'une exceptionnelle intensité, qui marque l'aboutissement des mille et une épreuves qu'ils ont traversées en quarante ans de vie commune. Seuls pour savoir en cet instant qu'ils ont eu raison de tenir, toujours. « C'est comme une femme qui accouche, on ne se souvient pas des traits du visage, on a du mal à ne pas éclater en sanglots, confie-t-elle. J'ai senti chez mon mari une transformation presque physique, une espèce de recul. Il y a eu tout à coup comme une distance[b]. »

Soudain, le téléphone sonne. C'est Lionel Jospin qui, avec élégance, tient à féliciter son adversaire. Les deux hommes échangent rapidement quelques mots, aimables et convenus. Il est maintenant 20 heures. Ensemble, le couple regarde la télévision où s'affiche le visage du cinquième président de la Ve République française. Dans tout le pays, ses partisans commencent à envahir les rues et les places, dans la douceur d'un printemps bercé d'espoir. La nuit sera longue et festive.

Claude rejoint alors ses parents. Les grandes effusions ne sont pas dans la nature de Bernadette Chirac, mais, en cette occasion, elle ne peut retenir ses larmes. De bonheur.

Elle a raison de profiter de ces quelques minutes d'intimité familiale. Bientôt, des collaborateurs pénètrent dans la vaste pièce pour affiner la déclaration que le nouveau président va prononcer dans la salle des fêtes de l'Hôtel de Ville. Son discours terminé, Jacques Chirac et son épouse tentent ensuite de gagner leur voiture. De part et d'autre de l'escalier monumental, les gardiens, les huissiers, les secrétaires et les chauffeurs de l'Hôtel de Ville leur forment une manière de haie d'honneur. L'affluence est telle qu'ils ne peuvent marcher de front. Puis c'est la folle traversée de Paris, dans un véhicule poursuivi par les motos des télévisions.

Lorsque le Président et sa femme arrivent au siège de campagne, avenue d'Iéna, ils se séparent. On oblige

Bernadette Chirac à entrer dans un immeuble tandis que son mari tente comme il le peut de fendre une foule au bord du délire. Place aux politiques. Le vainqueur apparaît au balcon, entouré de ses principaux lieutenants parmi lesquels on reconnaît Alain Juppé, Philippe Séguin et Alain Madelin. Son épouse l'observe de loin, inquiète : « C'était dangereux, il aurait pu être poussé[a]. »

Tous deux repartent ensuite vers le domicile de François Pinault, leur ami milliardaire qui a préparé une fête dans son hôtel particulier de la rue de Tournon. Seule Bernadette Chirac, oiseau de nuit, descend de la voiture. Son mari, lui, rentre à l'Hôtel de Ville. Le lendemain, 8 mai, une étrange journée l'attend : déjà élu, mais pas encore en fonction, il doit commémorer aux côtés de François Mitterrand et de nombreux chefs d'État l'armistice de la Seconde Guerre mondiale.

C'est la nuit. Jacques Chirac, bien sûr, est heureux. Sa femme aussi, qui considère cette victoire en partie comme la sienne. « Au risque de paraître immodeste, je pense l'avoir un peu aidé », affirme-t-elle[a]. Elle n'a pas tout à fait tort, elle a toujours accompagné son mari dans le long combat qui fut le sien pour entrer à l'Élysée. Par sa patience, sa fidélité, sa magnanimité, elle lui a apporté une réelle sécurité affective. C'est vrai, elle a parfois douté – « On est foutus, mais on ira jusqu'au bout », confiait-elle en 1994 à ses proches ; mais elle lui a offert l'environnement familial stable dont cet homme tourmenté avait besoin. De ce point de vue, en effet, elle l'a plus qu'« un peu aidé ». Il le reconnaîtra, d'ailleurs : « Autour de moi, tandis que d'autres s'effaçaient, certaines présences n'ont cessé de se renforcer. Celle de Bernadette a toujours été et demeure essentielle[c]. »

En revanche, il est clair que son influence politique sur son époux, à cette époque, reste minime. Elle lui parle, bien sûr. Il l'écoute, certes… mais, *in fine*, lui seul décide. Les accents gauchisants de sa campagne contre « la fracture sociale » ne correspondent d'ailleurs en rien aux positions plus droitières de sa femme. Loin de ce que l'on a pu observer aux États-Unis avec Bill et Hillary Clinton en 1992, c'est un homme et non un couple qui, cette année-là, accède à l'Élysée.

Ces réserves importent peu à Bernadette Chirac. En ce 7 mai 1995, la quête qu'elle a engagée voilà trente ans avec son mari vient de prendre fin. Le Graal est atteint. Une nouvelle vie commence.

# 26

## « Madame a interdit que l'on joue avec le chien ! »

Bernadette Chirac a-t-elle déjà été plus heureuse depuis le jour de son mariage ? Enfin, le rêve de sa vie est réalisé. Enfin, son mari a atteint le pouvoir suprême. Enfin, elle est devenue la première dame de la République française. À lui désormais les grandes affaires du monde, à elle la vie quotidienne du palais de l'Élysée. C'est là son domaine et, comme à son habitude, elle n'entend pas faire les choses à moitié.

C'est simple, aucun détail ne lui échappe. Elle veille à la composition des menus, au choix de la vaisselle, à l'agencement de la décoration. Elle s'entretient avec le chef cuisinier. Embellit le fleurissement du jardin. Observe avec une précision d'entomologiste suisse la liste et le placement des invités lors des repas officiels.

Aussi, très vite, elle impose sa marque. C'est elle qui demande que l'on revienne à la grande table en fer à cheval pour les dîners d'État et ses 216 invités. « François Mitterrand avait mis fin à cette disposition, qu'il jugeait trop peu conviviale, témoigne un responsable élyséen de l'époque. Sous sa présidence, il y avait une table d'honneur avec une douzaine de personnes, puis une vingtaine de tables ovales de dix couverts. Dès son arrivée, Mme Chirac nous a annoncé le retour de la grande table en U. "Cela a plus d'allure, a-t-elle dit, et me rappelle le temps où mon mari était le jeune secrétaire d'État du général de Gaulle." »

Dès le mois de mai 1995, tout le personnel l'a compris, le palais n'accueille pas seulement dans ses murs un nouveau président, mais aussi une véritable maîtresse de maison. Une fonction qui, visiblement, ravit Bernadette Chirac. « Tout comme elle avait adoré l'Hôtel de Ville, qu'elle avait transformé à son image, elle a beaucoup apprécié l'Élysée », assure son ancienne assistante Laurence Reculet.

Il est vrai qu'elle a le profil du poste. D'abord, elle a du goût, même s'il est parfois contesté. Et puis, cela aide, elle connaît le *Bottin mondain* sur le bout des doigts. À Paris, déjà, elle avait donné à un conseiller ce précieux avis : « Malheureux ! Ne placez surtout pas côte à côte les deux duchesses de La Rochefoucauld, elles se détestent ! »

Elle est surtout convaincue que le décorum, loin d'être chose futile, engage l'image de la France. Parvenue dans le saint des saints, elle fait donc immédiatement sienne la vision du protocole donnée jadis par Louis XIV : « Ceux-là s'abusent lourdement qui s'imaginent que ce ne sont là que des affaires de cérémonie. Les peuples, ne pouvant pénétrer le fond des choses, règlent d'ordinaire leur jugement sur ce qu'ils voient au-dehors et c'est le plus souvent sur les préséances et leur rang qu'ils mesurent leur respect et leur obéissance. »

Bien sûr, ses nouvelles exigences coûtent un peu cher – le budget « espaces verts », notamment, explose. Mais, de l'avis général, la plupart des dépenses qu'elle impose sont nécessaires. Pendant quatorze ans, Danièle Mitterrand était très peu présente à l'Élysée. Elle assistait aux dîners d'État et accompagnait son mari lors des visites d'État à l'étranger, mais c'était à peu près tout. Elle passait l'essentiel de son temps dans les locaux de sa fondation, place du Trocadéro. Quant à François Mitterrand, c'était encore pire. Non seulement il logeait rarement à l'Élysée, préférant rejoindre Anne Pingeot et leur fille Mazarine quai Branly, mais il se désintéressait grandement de ces questions. Selon la journaliste Caroline Pigozzi, il lui est même arrivé de remettre à la Sorbonne la médaille du meilleur ouvrier de France au chef de l'Élysée en titre, Joël Normand, en lui demandant… où il travaillait[b].

À la décharge du président socialiste et de son épouse, ce n'était guère mieux avant 1981. Anne-Aymone Giscard d'Estaing était trop effacée pour peser sur quoi que ce fût. Claude Pompidou reconnaissait elle-même « ne pas aimer ce rôle[b] ». Quand à Yvonne de Gaulle, elle n'avait pas voix au chapitre. « Avec le général, l'organisation de l'Élysée était toute militaire, et l'intendance confiée au personnel dont c'était la fonction. Sa femme était cantonnée aux appartements privés », rappelle Alain Duhamel[a].

Avec Bernadette Chirac, tout change, et le résultat est à la hauteur de son investissement : jamais l'Élysée n'a été aussi bien tenu. « Sous les Chirac, le palais était superbe. Les dîners étaient parfaits, et l'on sentait sa patte à elle », témoigne, parmi d'autres, l'ancien ministre Dominique Perben[a]. L'équipe de l'Élysée a toujours été très compétente, mais, tout à coup, elle reçoit des directives aussi minutieuses qu'impérieuses. Cela change beaucoup de choses.

Tout irait pour le mieux dans le meilleur des palais si la première dame ne se montrait pas régulièrement désagréable avec le personnel. Lors de la visite du roi du Maroc en 1996, elle fait ainsi remplacer au dernier moment la nappe du dîner officiel, dont elle n'apprécie pas la couleur. Elle renouvelle l'opération avec les draps du lit d'Hassan II à l'hôtel Marigny, la prestigieuse résidence destinée aux invités de marque de la présidence de la République, où le souverain est censé séjourner, parce qu'ils n'ont pas l'heur d'être à son goût. Les femmes de chambre s'exécutent. Pour rien. Le monarque, finalement, préférera descendre dans un palace parisien...[b]

Certains, magnanimes, la jugent « exigeante, mais jamais cassante ». D'autres sont plus sévères. « Elle terrorisait les employés, assure un collaborateur de son mari qui, encore aujourd'hui, préfère rester anonyme. Je me souviens de ce jour où je ramenais un visiteur vers la sortie et où nous avons croisé Sumo, le petit bichon de Chirac. Tout frétillant, il s'approche de nous et je commence à le caresser. Aussitôt, le garde arrive et me l'arrache des mains en criant presque : "Madame a interdit que l'on joue avec le chien !" Le plus frappant, c'est que l'on sentait à sa voix qu'il était complètement affolé[a]. »

Et Jacques Chirac ? Oh ! Jacques Chirac laisse faire, pour l'essentiel. Il veille bien à quelques détails qui lui tiennent à cœur – placer Bernard Arnault et François Pinault, les deux frères ennemis du luxe, sur un strict pied d'égalité protocolaire, par exemple ; mais, quant au reste, il se repose sur son épouse. D'une part, il a d'autres chats à fouetter. D'autre part, il a confié depuis quarante ans les clés de sa vie quotidienne à Bernadette et n'a toujours eu qu'à s'en féliciter. Il ne voit pas de raisons de changer. Au contraire, plus sa femme s'épanouira dans son rôle de maîtresse de maison, plus elle le laissera en paix dans le domaine politique. C'est du moins ce qu'il espère...

# 27

## « Dites-moi, l'épouse de Jacques Chirac, c'est moi ou ma fille ? »

En cette fin d'été 1995, Catherine Nay se présente à l'accueil de l'Élysée, rue du Faubourg-Saint-Honoré. Voilà quelques jours, la journaliste a fait part à Bernadette Chirac d'un projet qu'elle a conçu à son intention : un long entretien en exclusivité diffusé sur Europe 1. La première dame s'est immédiatement montrée intéressée car, depuis l'élection de son mari, elle a du mal à trouver sa place. Cette intervention pourrait l'y aider. Elle a donc fixé ce rendez-vous afin de préparer l'émission.

« Bonjour, dit Catherine Nay au gendarme de faction. J'ai rendez-vous avec Mme Chirac.

— Très bien. Nous allons vous conduire jusqu'à son bureau.

Traversée de la cour, entrée dans le palais, circulation dans les couloirs : la journaliste croit être parvenue à destination quand la porte s'ouvre sur le visage de… Claude Chirac.

— C'est une erreur ! J'ai rendez-vous avec la femme du Président.

Le temps que le fonctionnaire, confus, se rende compte de sa méprise et réoriente la visiteuse, plusieurs minutes se sont écoulées. Catherine Nay se présente avec retard devant l'épouse du chef de l'État.

— Madame, je vous prie de bien vouloir accepter mes excuses. On m'a menée dans un premier temps auprès de votre fille.

Bernadette Chirac paraît à peine étonnée.

— Vous ne le saviez pas ? Le Président est veuf[a] ! »

Comme souvent, Bernadette Chirac tente de dissimuler ses blessures intimes en recourant à un humour teinté d'autodérision. Car elle n'est pas dupe : si on lui laisse remplir comme elle l'entend sa fonction de première dame, on la cantonne pour le reste à un rôle de figurante. Une marginalisation dont elle connaît trop bien les raisons. Compte tenu de son âge, de la coupe de ses tailleurs et de son catholicisme affiché, les communicants de l'Élysée la jugent « un peu décalée » (version aimable), voire « ringarde » et « mémère » (version non filtrée). Ses principaux contempteurs ? Dominique de Villepin, le nouveau secrétaire général ; Jacques Pilhan, l'ancien conseiller en image de François Mitterrand passé au service de son époux, mais aussi, hélas… sa propre fille.

Au quotidien, on lui fait donc comprendre que, pour l'essentiel, elle n'a pas sa place dans le dispositif élyséen, y compris pour une activité qui, de toute éternité, appartient à son domaine réservé. Elle prépare les valises de Jacques Chirac depuis leur mariage ? C'est terminé. Désormais, c'est sans daigner l'associer aux décisions qu'« on » décide de lui faire changer de cravate ou de lunettes. « Même ça, on veut me le prendre!» s'indigne-t-elle devant ses collaborateurs[a].

Claude n'en a cure. De son côté, elle a le sentiment d'agir d'un point de vue strictement technique. Elle en est convaincue, sa mère abîme l'image de son père. Par sa faute, le couple présidentiel ne semble pas «moderne» – l'insulte suprême dans le (tout) petit monde de la communication. L'intérêt supérieur du chef de l'État impose donc la marginalisation de la première dame. Point à la ligne. Un proche témoigne: «Quand elle est dans le professionnel, Bernadette n'est plus sa mère, Jacques n'est plus son père. D'ailleurs, elle n'appelle jamais ce dernier "papa", mais "le Président" ou "Chirac[a]".»

Ces divergences familiales éclatent au grand jour le 14 juillet 1995. Pour la première garden-party du nouveau président, l'Élysée accueille des milliers de jeunes gens: il s'agit de montrer, fût-ce avec de grosses ficelles, que Jacques Chirac est en phase avec les nouvelles générations. Pour parfaire la mise en scène, il a été convenu que le chef de l'État partagerait son déjeuner avec de juvéniles représentants des régions de France. Et avec eux seuls.

Indocile, la première dame ne considère cependant pas la situation comme acquise. En fin de matinée, se faufilant parmi la foule, elle s'approche de son époux et lui glisse:

— Cela me ferait plaisir d'être à table avec vous.

— Mais naturellement, lui répond celui-ci. Demandez que l'on vous mette une assiette.

Bernadette Chirac descend aussitôt à l'office et interroge le personnel:

— Ma place au déjeuner est-elle prévue ?

— Non, madame. Il n'y a que le Président et ses invités.

— Eh bien, mon mari a demandé que je sois à table.

— Ah bon ! Très bien, madame, nous allons ajouter un couvert.

Satisfaite, la première dame rejoint le parc quand « un collaborateur », selon son expression – qui n'est autre que Jacques Pilhan, révèle la presse[c] – s'approche d'elle et lui glisse :

— Madame, il est impossible que vous déjeuniez avec les jeunes et le Président parce que, vous comprenez, cela ferait papa, maman et leurs enfants. Nous nous sommes donc permis de faire retirer votre couvert. »

Stupeur de Bernadette Chirac. Si elle s'écoutait, elle giflerait ce butor sur-le-champ. Elle puise toutefois dans les tréfonds de sa bonne éducation pour ne rien laisser paraître et répond avec une impassibilité digne d'un maître zen :

— Très bien. N'en parlons plus[b].

En réalité, bien sûr, elle vit cette exclusion comme un outrage.

Dans cette affaire, Jacques Chirac joue les jésuites. Il s'est laissé convaincre que la mise à l'écart de son épouse était l'une des conditions de sa popularité. Alors, il laisse faire, quand il ne prend pas lui-même une part active dans sa relégation. « Villepin, Pilhan et Claude n'ont pas été les seuls à vouloir placer la première dame en quarantaine, témoigne un conseiller de l'ancien président. En 1995, le Président ne voulait à aucun prix la laisser tenir un rôle politique comme elle le désirait[a]. »

Le chef de l'État entend également garder sa liberté : pas question pour lui de laisser sa femme connaître son agenda dans tous les détails. Avec la complicité de Villepin – et de Claude –, il la laisse dans le flou quand cela l'arrange. Ce n'est pas nouveau, d'ailleurs. Du temps de la mairie de Paris, il usait déjà du même procédé, quitte à mettre ses collaborateurs dans l'embarras, ainsi que le relate l'un d'entre eux :

« Un jour, je reçois un coup de téléphone de Mme Chirac, qui me convoque dans son bureau. Je m'y rends aussitôt, me présente devant elle, la salue, tout en m'interrogeant sur la raison de cet entretien. C'est alors qu'elle m'interpelle :

— Dites-moi, l'épouse de Jacques Chirac, c'est moi ou ma fille ?

— Euh… C'est vous, évidemment, madame.

— Alors, pouvez-vous m'expliquer pourquoi mon mari peut partir en voyage avec ma fille sans que je sois au courant de ce déplacement[a] ? »

Il y a eu, paraît-il, un léger blanc…

Elle aurait dû se douter de la tournure qu'allaient prendre les événements. Déjà, le soir du premier tour, elle n'était pas présente au côté de son conjoint. C'est sans sa femme, mais avec sa fille et ses principaux conseillers, que Chirac avait appris qu'il avait bel et bien distancé Edouard Balladur, mais que, contrairement à ce qu'annonçaient les sondages, Lionel Jospin avait finalement viré en tête.

Le chef de l'État ne s'était pas montré plus prévenant le jour de son investiture. Certes, le 17 mai, c'est vers son épouse qu'il prétend avoir tourné son premier regard en entrant dans la salle des fêtes de l'Élysée, si l'on en croit du moins la version qu'il avance dans ses Mémoires. Elle devra s'en contenter, car pendant le reste de la cérémonie, il la laissera ostensiblement de côté. « C'était affreux, témoigne un invité. Elle restait là, comme une potiche. Il n'a eu aucun geste envers elle. »

En ce début de septennat, cette tendance prend donc un tour de plus en plus humiliant pour Bernadette Chirac. Elle qui accompagne son mari depuis sa première campagne électorale, elle qui a traversé toutes les épreuves à son côté, elle qui l'a soutenu après ses défaites de 1981 et de 1988… se trouve ostracisée au moment où il entre enfin à l'Élysée. Pis, à la manière des tragédies grecques, la principale actrice de sa relégation n'est autre que sa propre fille, avec la complicité active de son époux.

Elle est résolue à ne pas laisser les choses en l'état.

# 28

## « Il vous faudra choisir entre ma fille et moi »

À la fin des années 1990, la première dame raccompagne dans la cour de l'Élysée une connaissance de longue date. Par hasard, elle y croise Claude. L'amie n'est pas près d'oublier la scène. « Ce à quoi j'ai assisté était incroyable, se souvient-elle. Sans même se dire bonjour, elles se sont immédiatement invectivées à propos de Martin. C'était parfaitement odieux ! Après l'altercation, Claude est partie furieuse et Bernadette s'est tournée vers moi en me déclarant : "Vraiment, la vie est impossible avec ma fille[a]." »

Entre les deux femmes, il est vrai, le passif est lourd, bien lourd. En premier lieu, Bernadette ne supporte pas de recevoir sans cesse des conseils. De quel droit une trentenaire qui ne s'est jamais présentée à une élection donnerait-elle des leçons politiques à sa mère, élue et réélue en Corrèze depuis 1979 ? Elle ne s'en prive pas, pourtant, lui envoyant sans aménité des remarques désobligeantes : « Ces couleurs ne te vont pas », « Enlève tes lunettes, tu es mieux sans[b] », « Tu as vu comme tu es attifée aujourd'hui[c] ? » Si encore elle réservait ses remarques à la sphère intime, mais non, c'est au vu et au su de tous que Claude n'hésite pas à la fustiger. « Eh oui, maman a beaucoup grossi », soupire-t-elle devant les journalistes[a].

Régulièrement, la première dame se retrouve exclue des médias. En 1997, un reportage de *Paris Match* montre complaisamment Jacques Chirac en grand-père attentionné, en compagnie de Claude et de son fils Martin, né l'année précédente. Sur les images, curieusement, point de grand-mère – alors qu'elle s'occupe davantage de son petit-fils que son mari. « En 1998, complète le journaliste Laurent Léger, les dépêches rendent compte des vacances du Président : "Jacques Chirac a passé le week-end pascal en Autriche, au Tyrol, en compagnie de sa fille Claude et de son petit-fils Martin". De Bernadette ? Pas un mot. » Et gare aux plumitifs qui osent évoquer cette mise à l'écart. Christine Clerc, qui s'y est aventurée dans un livre[d], raconte la réaction de Claude : « Celle-ci me téléphona chez moi, outragée, en m'appelant "Madame" (elle m'appelait alors "Christine"), me reprochant d'attenter à sa vie privée :

— Que diriez-vous si j'allais écrire des choses pareilles sur vos relations avec vos fils ?

— Mais Claude ! Quand on met en scène le président de la République en vacances, cela ne s'appelle pas de la vie privée, mais de la communication politique[e] ! »

Leurs différends ne concernent pas seulement l'exposition médiatique ou l'apparence vestimentaire… Sur la plupart des sujets d'actualité, toutes deux sont en désaccord. La première dame, volontiers conservatrice, juge Claude vaguement libertaire, voire gauchiste. Ne défend-elle pas les droits des homosexuels ? L'écologie ? Les sans-papiers ? Des positions qui traduisent l'influence de ses amis issus du monde du spectacle, certes, mais aussi de sa perte de repères. «Aux yeux de Bernadette, Claude mène une existence beaucoup trop libre, trop XXe siècle», résume Béatrice de Andia[a]. «Elle aurait rêvé pour sa fille d'une vie rangée, bourgeoise, confirme Jean-Pierre Dupont. J'ai pour ma part un fils ingénieur, un autre dentiste. Quand nous en parlions, elle me disait : "Vous avez de la chance[a]." »

La conduite de sa cadette la prive en outre de certains bonheurs. Le 20 janvier 1996, son mari rencontre Jean-Paul II au Vatican. Vêtue d'une longue robe noire et d'une mantille, Bernadette patiente dans la salle de la Madone pendant l'entretien des deux chefs d'État, avant de rejoindre son mari au moment de l'échange des cadeaux. Elle, si fervente chrétienne, serait si heureuse de partager de tels instants avec Claude ! Hélas, sa fille, enceinte de sept mois sans être mariée, n'a pas été conviée. Le pape, cependant, a la délicatesse de lui glisser à l'oreille : «Vous allez être grand-mère. Mes félicitations.» Une manière d'adoucir sa peine. «En prononçant ses mots, il laissait subtilement entendre aux Chirac que non seulement il bénissait cette future naissance, mais que, de plus, ce n'était pas de son fait que leur fille avait été exclue de cette visite par son très sévère protocole», écrit Caroline Pigozzi, experte tant en vaticanisme qu'en chiraquisme[b].

Bernadette Chirac n'a guère apprécié non plus le choix des conjoints de Claude. Ni Philippe Habert, politologue brillant mais trop exalté, ni Thierry Rey, champion de judo sympathique mais de gauche (il sera plus tard le conseiller sports de François Hollande à l'Élysée), ne correspondent au gendre qu'elle avait imaginé.

Mère et fille s'opposent aussi au sujet de l'éducation de Martin. Bernadette voudrait qu'il fût habillé différemment, qu'il travaillât mieux à l'école, qu'on lui inculquât des principes en vigueur dans les bonnes familles. Pas question pour Claude, qui craint plus que tout de voir sa mère tenter d'en faire un Chodron de Courcel.

Car Claude, c'est un euphémisme, n'a pas vraiment d'atomes crochus avec sa famille maternelle, bien trop conventionnelle à son goût. Dans sa jeunesse, sa mère a bien organisé pour elle et sa sœur des rallyes, dans l'espoir de les caser avec un aristo affublé d'un patronyme à rallonge, profession libérale de préférence et catholique de stricte obédience, cela va de soi. Échec sur toute la ligne. Non-conformiste comme son père, Claude n'a aucune affinité avec ce monde-là. Elle voit d'ailleurs les Chodron de Courcel le moins possible, séchant les réunions de famille plus souvent qu'à son tour. Un jour que son président de père inaugurait un centre pour enfants malades en Seine-et-Marne, elle a croisé par hasard l'un des cousins germains de sa mère, Dominique de Courcel, qui dirigeait alors un hôpital voisin. Elle ne s'est pas attardée[b].

« Claude, c'est une Chirac », soupire régulièrement Bernadette, consciente de n'en être pas. « Elle considère Claude et Jacques comme un front qui lui fait face, décrit Patrick Poivre d'Arvor, qui les a souvent côtoyés. Ils ne donnent pas le sentiment d'une trinité soudée[a]. »

C'est le moins que l'on puisse dire. En 2002, Roselyne Bachelot a été désignée porte-parole de la campagne de Jacques Chirac, à l'initiative de Claude et malgré la désapprobation de la première dame, qui la juge trop atypique. Le 1er mars, c'est l'effervescence, le Président visite pour la première fois le siège de son local de campagne, le Tapis rouge, accompagné de son épouse. Il y a foule, comme on pouvait s'y attendre. Roselyne Bachelot patiente dans un angle de la salle quand la première dame s'approche d'elle et lui assène, avec son ton des mauvais jours :

— Tiens, vous êtes là, vous ?

— Bonjour madame, répond Bachelot en essayant de ne pas paraître décontenancée. En effet, Claude m'a demandé de me placer ici.

— Vous apprendrez, madame, qu'il vous faudra choisir entre ma fille et moi[a]. »

De fait, Bernadette Chirac souffre de la complicité qui s'est établie entre son conjoint et sa fille, surtout depuis que celle-ci a commencé à travailler à son côté, au tournant des années 1990. Peu à peu, elle s'est sentie exclue de ce tandem, parfois à raison. Là, bien sûr, est le principal motif du conflit qui l'oppose à sa fille : ces deux femmes, chacune à sa manière, aiment éperdument Jacques Chirac. « Selon Bernadette, Claude a pris beaucoup trop d'importance aux yeux de son époux », souligne Laurence Reculet. « Claude est jalouse de Bernadette. Elle veut son père pour elle seule », indique Béatrice de Andia. « Elle a souvent eu le sentiment que Claude lui volait son mari », confirme Caroline Pigozzi[a]. Insidieusement, elles sont donc entrées dans une implacable rivalité amoureuse.

Au fond, elles ne se rejoignent que sur un sujet, la défense de leur idole. Dès qu'il est en danger, elles font bloc, qu'il s'agisse de l'encourager quand ses « fidèles » rallient Balladur, en 1994 ; d'entretenir la flamme de son souvenir en Corrèze, après 1995, ou de faire porter à Tiberi le poids des « affaires », en 2001. Dans l'adversité, Bernadette se dévoue toujours pour son conjoint, Claude pour son père. Ces deux femmes, soldats d'une même cause, ont en commun d'avoir sacrifié leur vie pour le même homme. L'homme de leur vie. Cela, elles le savent, les rapproche pour toujours.

# 29

## « Elle n'aime que lui et il n'aime qu'elle »

En 1988, Chirac s'inquiète pour sa fille cadette. À vingt-six ans, elle gravite dans un milieu artiste dont il se méfie, lui semble un peu paumée, ne sait trop quel métier choisir. Il décide de lui donner un coup de pouce.

Dans un premier temps, il pense au journalisme et contacte Catherine Nay, l'une des célébrités de la profession[a].

— Aidez-moi, je voudrais que Claude entre au service politique d'Europe 1.

— Quelle idée ! lui répond la consœur. Avec le père qui est le sien, on ne lui prêtera aucune crédibilité.

— Ce n'est pas un problème. Elle signera sous un autre nom, rétorque Chirac, qui a toujours considéré l'expression « déontologie journalistique » comme un oxymore.

— Réfléchissez : ce n'est pas réaliste. C'est même absolument impossible.

Le maire de Paris se rend finalement à l'évidence. Quand on s'appelle Chirac, prétendre commenter avec un minimum d'objectivité la vie des partis et le résultat des élections n'est sans doute pas une solution idéale. Aussi décide-t-il de faire entrer sa fille à l'Hôtel de Ville. Après tout, elle a déjà travaillé sporadiquement pour lui dans le passé. C'est elle, par exemple, qui l'a fait poser avec un baladeur sur les oreilles, en jean, sur la pelouse de Matignon dans un magazine pour ados[b]. Cela n'a pas vraiment été un coup de maître, mais il a été sensible à sa volonté de rajeunir son image.

Au tout début des années 1990, Jean-Eudes Rabut, chef de cabinet de Jacques Chirac à la mairie de Paris, traverse en voiture le pont Alexandre-III quand retentit la sonnerie de son téléphone Radiocom 2000. C'est le maire.

— Jean-Eudes, Claude va rejoindre le cabinet. Elle veillera à coordonner les agendas du maire de Paris et du président du RPR.

— Monsieur le maire, répond Rabut, c'est une très bonne idée (il pense exactement le contraire, mais il a du métier). Il faut toutefois en informer Michel.

Michel, c'est Michel Roussin, le directeur de cabinet, dont il espère qu'il parviendra à éviter le pire.

— Dites-le-lui, vous, balaie Chirac. Je l'appellerai plus tard.

Il a perdu. Quand il arrive à la mairie, Rabut informe donc son supérieur hiérarchique de l'incroyable nouvelle.

« Fils, on est morts », répond Roussin[a].

Les deux hommes connaissent bien Claude. Ils l'apprécient, d'ailleurs, mais ils ont trop d'expérience pour ne pas le savoir : avoir la fille du patron dans les pattes va créer des difficultés à chaque instant. Il sera impossible de lui parler comme à un autre collaborateur, et tout le monde changera d'attitude pendant les réunions. Les équipes seront déstabilisées. Mais bon, le patron a tranché…

Dans les couloirs, évidemment, on râle. Seul Pierre Charon, l'attaché de presse du maire, ose dire tout haut ce que beaucoup pensent tout bas, que Claude doit quitter l'Hôtel de Ville. Il s'attire une réponse intransigeante de Chirac : «Ce n'est pas négociable. J'ai besoin d'elle[c].»

Il dit vrai. L'embauche de sa fille à son côté intervient à un moment dramatique de sa propre existence. Non seulement il vient d'échouer pour la deuxième fois à l'élection présidentielle, mais Laurence, son aînée, tente régulièrement de mettre fin à ses jours. Il culpabilise. «La maladie de sa sœur et le sentiment de ne pas avoir été assez attentif à sa propre vie ont probablement beaucoup compté dans la décision que j'ai prise, au début des années 1990, de proposer à ma fille cadette Claude d'intégrer mon équipe de communication», reconnaît-il dans ses Mémoires[d].

Elle aussi, d'ailleurs, a besoin de lui, car le destin, contrairement aux apparences, ne l'a pas ménagée. Bien sûr, elle est une «fille de», mais justement, cela lui pèse. «En 1974, quand mon père a été nommé à Matignon [NdA : elle a alors douze ans], ma vie n'a pas changé, mais le regard des autres a évolué. subitement, les gens vous parlent comme si vous n'existiez pas […]. À travers vous, ils voient votre père», confiait-elle à l'animatrice Mireille Dumas en 1992.

Claude est aussi la sœur de Laurence, dont l'état de santé angoisse ses parents. Parfois, sa mère s'effondre devant elle quand elle revient de l'hôpital. « Tu sais, c'est très difficile pour moi d'être celle qui n'était pas malade », a-t-elle avoué un jour à une amie[e]. Et comme si tout cela ne suffisait pas, elle a eu en 1987 la douleur de perdre sa meilleure amie, Christine Colette, dans un accident de voiture en Australie.

Elle ne le sait pas encore, mais les années qui suivront ne seront pas plus heureuses. Son premier époux, Philippe Habert, se suicide quelques semaines après leur mariage en 1993 – sachant que leur couple était déjà brinquebalant. Quant à Thierry Rey, le père de son fils, elle s'en est séparée quelques mois après la naissance de Martin. Autant dire que la jeune femme est fragile, très fragile.

C'est seulement en se rapprochant de son père qu'elle a trouvé un sens à son existence. Chirac est pour Claude l'astre autour duquel s'ordonnent ses jours. Au point de reprendre son nom de jeune fille après son veuvage. Au point, selon plusieurs sources, de vouloir appeler son fils « Chirac », seulement, et non Rey-Chirac, comme le voudrait la logique. Au point de travailler trop, beaucoup trop, pour son père, et de négliger l'éducation de son enfant. Au point de se montrer jalouse des maîtresses avec lesquelles Chirac entretient des liaisons sérieuses – Élisabeth Friederich, notamment –, qu'elle perçoit comme de dangereuses rivales. Au point d'établir d'étranges relations « d'homme à homme » avec son père, instaurant une complicité aussi singulière que malsaine. Plusieurs de ses proches l'ont ainsi entendue partager avec lui des confidences sur ses maîtresses !

Pourquoi s'en étonner ? Claude Chirac a trop souffert pour qu'il puisse en être autrement. Et puis, elle ressemble tant à son père… Tous deux sont aussi perfectionnistes que travailleurs. Tous deux sont méfiants jusqu'à la paranoïa. Tous deux sont davantage portés sur l'action que sur la réflexion. Tous deux sont des personnages publics qui s'efforcent frénétiquement de préserver leurs jardins secrets – sauf quand cela les arrange. C'est une Chirac, en effet.

Nicolas Sarkozy, qui les connaît très bien l'un comme l'autre, a sans doute le mieux résumé le lien exceptionnel qui les unit : «Il n'y a pas de mystère dans leur relation. Elle n'aime que lui et il n'aime qu'elle.»

Bernadette était le «point fixe» de Jacques ? Jacques, désormais, sera celui de Claude.

# 30

## « Claude a toujours fait barrage autour du Président »

Le 19 novembre 2003, Roselyne Bachelot est l'invitée politique de Jean-Michel Aphatie, sur RTL. À l'occasion de cet entretien, le journaliste-vedette de la station de la rue Bayard interroge l'ancienne porte-parole du candidat Chirac sur une information révélée par *L'Express,* mais qu'il est difficile de vérifier :

— Le Président porte-t-il un appareil auditif ?

Réponse spontanée de la ministre de la Santé :

— Il me semble que oui.

L'intéressée est bien placée pour en juger. Tous les mercredis, dans le salon Murat où se réunit le Conseil des ministres, elle se situe sur la même ligne que Jacques Chirac et discerne nettement son oreillette.

En disant la vérité, Roselyne Bachelot n'a pas le sentiment de dévoiler un secret d'État. Après tout, des centaines de milliers de Français sont dans le même cas et, que l'on sache, une audition déficiente ne constitue pas un handicap rédhibitoire pour exercer les plus hautes fonctions.

Elle se méprend.

Dans les heures qui suivent, sa déclaration est considérée à l'Élysée comme l'événement le plus funeste de la période. Un communiqué est publié en toute urgence pour expliquer qu'en effet le chef de l'État a « peut-être testé » ces derniers temps un appareil auditif « pour son confort », mais que l'expérience n'aurait guère été « concluante ». La ministre, elle, se fait passer un savon.

Quel crime Roselyne Bachelot a-t-elle commis ? Il n'est pas anodin. À l'époque, tout est fait sinon pour préparer, du moins pour préserver l'hypothèse d'un troisième mandat de Jacques Chirac. D'où la nécessité de sauvegarder l'image d'un président toujours sémillant, fringant, ingambe. En dévoilant ses faiblesses physiques, fussent-elles mineures, la gaffeuse a fragilisé ce patient assemblage. Ce sacrilège lui vaudra des rancœurs tenaces. Bernadette Chirac, qui ne l'a jamais appréciée, lui décoche à la première occasion, cinglante : « Madame, vous en faites de belles ! » Quant à Claude, c'est pire. « J'étais proche d'elle. Pourtant, de ce jour, elle ne m'a plus adressé la parole », déplore l'ancienne ministre[a].

C'est qu'avec la fille du Président, on ne plaisante pas sur la communication. La règle est simple : tout doit passer par elle, tout doit être validé par elle, tout doit être contrôlé par elle. « C'est une femme méfiante, et même légèrement parano, souligne la journaliste Caroline Pigozzi, pourtant proche des Chirac. Elle a souvent l'impression que l'on va faire quelque chose contre son père. » « Claude a toujours fait barrage autour du Président : c'est sa manière de le protéger», souligne un confrère qui fut longtemps accrédité à l'Élysée.

Lors de son engagement à l'hôtel de ville de Paris, elle était pourtant arrivée sur la pointe des pieds, consciente que la légitimité s'acquiert non par le patronyme mais par le travail. Elle avait incité le maire de la capitale à changer de costumes, lui avait adjoint des prompteurs pour lui faciliter la lecture de ses discours, lui avait fait rencontrer des interlocuteurs inhabituels, par exemple des travailleurs sociaux. Rien de négligeable, mais rien de décisif.

Au fil des années, elle a pris de l'assurance et, désormais, elle est omnipotente. À l'Élysée, elle filtre son agenda, interdit avec autorité aux photographes de travailler quand son père ripaille un verre de bière à la main en compagnie de Boris Eltsine[b], raréfie les conférences de presse pour prémunir le chef de l'État d'un éventuel dérapage. Sa conviction, transmise par Jacques Pilhan, tient en une phrase : «Le réel, c'est ce que montre la télé[c].» Chaque détail doit être soumis à cet impératif.

Elle veut tout savoir des sujets que la presse prépare concernant son père. Au minimum, elle cherche à les orienter, en repoussant par exemple les caméras derrière un cordon sanitaire : pas de gros plan désavantageux ! Quand elle le peut, elle les organise directement. «Claude sélectionne elle-même les photos et exige que les journaux lui en soumettent les légendes, précise Caroline Pigozzi, de *Paris Match*[b]. Si un magazine s'avise de passer outre et de publier des reportages “non autorisés”, c'est la tempête. Chaque fois que cela se produit, elle tente habilement de négocier un reportage “réparateur”.»

L'entourage râle ? Les journalistes protestent ? Peu importe à Chirac, qui ne se séparerait de Claude pour rien au monde. Il apprécie sa compétence en termes de communication, un domaine où lui-même ne s'est jamais senti à l'aise. Il est ainsi convaincu qu'elle a joué un rôle essentiel dans l'évolution de son image. Lui qu'on disait ambitieux, arriviste, politiquement invertébré, voire facho sur les bords, passe aujourd'hui pour un dirigeant sympathique, humain, bon vivant et profondément démocrate. Merci, ma fille ! « Il existe entre nous une complicité indéfectible, écrit l'ancien président dans ses Mémoires[d]. Mais cette entente repose sur une raison objective, le savoir-faire acquis par Claude dans sa sphère d'activité et dont elle a fait la démonstration avec éclat durant la campagne présidentielle. Elle est aujourd'hui devenue une très bonne professionnelle de la communication, sans doute la mieux placée qui soit pour obtenir que je me prête sans trop de réticences à un exercice dont je ne suis guère friand. »

Pas d'affect dans cette description. Comme d'habitude, Chirac met l'accent sur le versant technique de leur relation, afin de mieux masquer l'intensité de ses sentiments. Car, en réalité, l'apport de Claude est avant tout d'ordre psychologique. Parce qu'elle n'a jamais douté, parce qu'elle ne le trahira jamais, parce qu'elle est l'une des rares à oser le contredire, elle lui apporte une sécurité affective déterminante.

Son emprise est telle que, selon certains témoignages, il arrive même au Président d'en avoir peur. C'est en tout cas le sentiment de Bernard Murat, l'ancien député-maire UMP de Brive, qui a été marqué par l'épisode suivant :

« Lors des législatives de 1997, j'ai fait part à Jacques Chirac de mon désir de ne pas me représenter. Il m'a demandé de venir le voir pour examiner la situation et chercher un remplaçant. La discussion s'approchait de son terme quand, tout à coup, il m'a proposé :

— Cela te ferait plaisir de faire des photos ?

— Bien sûr !

Il appelle aussitôt son photographe, qui commence à nous mitrailler dans tous les sens. Après avoir terminé, il me transmet le rouleau (c'était avant le numérique !). Et c'est alors que Chirac s'adresse à lui :

— Je vous interdis de dire à ma fille que j'ai fait ces photos ! Vous entendez, je vous l'interdis !

Puis, se tournant vers moi :

— Et toi, si tu dis qu'on a fait des photos ensemble, je dirai que tu es un menteur.

— Mais Jacques, si je montre les photos, on va forcément le savoir...

— Je m'en fous ! Je démentirai[a]. »

Murat a encore du mal à expliquer l'étrange réaction du Président. Sans doute craint-il que Claude ne lui reproche de s'intéresser encore à la Corrèze, elle qui s'efforce d'en faire un grand de ce monde. L'ancien maire de Brive, en tout cas, juge son attitude éloquente : « Il était visiblement inquiet de la réaction de sa fille. »

Un autre geste a marqué les esprits. En 1994, au lendemain de l'annonce de sa candidature dans *La Voix du Nord*, Jacques Chirac se rend en visite à Lille. Les journalistes sont nombreux et, nécessairement, cherchent à l'interroger. À ce moment, Claude le regarde et met un doigt sur sa propre bouche pour lui intimer de rester muet. Selon elle, il doit impérativement réserver ses premiers commentaires à Anne Sinclair, qui en a fait son invité-vedette le dimanche suivant. Son père s'exécute[c].

On aurait tort cependant de prêter à la « conseillère en communication-opinion de l'Élysée » un ascendant décisif sur l'ancien chef de l'État. Certes, elle l'a sensibilisé à certaines questions, comme l'homoparentalité ou l'environnement – c'est elle qui lui a fait rencontrer Nicolas Hulot. Pour le reste, s'il arrive au Président de suivre l'avis de sa fille, c'est parce qu'il rejoint le sien. Claude lui suggère de lâcher Tiberi en 2001 à Paris ? De ne pas choisir Sarkozy pour Matignon en 2002 ? C'est déjà la conviction de Chirac.

En revanche, quand il le veut, il est tout à fait capable de lui résister. En 2000, par exemple, elle plaide en vain pour que son père assume son changement d'opinion lorsqu'il se rallie au quinquennat[e]. En 2006, encore, lors de la crise liée au contrat première embauche (CPE), il refuse de suivre ses conseils et de se séparer de Dominique de Villepin[c]. « Parfois, il me disait : “Tu sais bien que ma fille est gauchiste” et la manière dont il prononçait cette phrase montrait bien qu'il n'avait aucunement l'intention de se laisser influencer », note son ancien garde des Sceaux, Dominique Perben.

Plus significatif encore, en 2002, il décide de donner un tour sécuritaire à sa campagne. Contre l'avis de sa fille et en suivant l'avis de sa femme, qui l'encourage en ce sens depuis plusieurs semaines. « Claude ne voulait surtout pas que l'on axe la campagne sur ce thème, se souvient Rufenacht, mais le chef de l'État a tranché en faveur de Bernadette[a]. »

Un signe éclatant du retour en grâce de la première dame.

# 31

## « Le temps où il me fallait demander la permission est révolu »

En ce 16 mai 2002, une soixantaine de notabilités, représentant les corps constitués, font face aux membres du gouvernement dans la grande salle des fêtes de l'Élysée. On procède à l'investiture du chef de l'État et, comme il se doit, l'ambiance est empreinte de solennité. Le président du Conseil constitutionnel, Yves Guéna, commence par proclamer les résultats du second tour de l'élection présidentielle, qui a vu le triomphe de Jacques Chirac face à Jean-Marie Le Pen. Le président réélu s'approche ensuite du micro, prononce une courte allocution, avant que le grand chancelier de la Légion d'honneur ne lui remette le collier de grand maître. Un seul geste détonne quelque peu dans cette cérémonie marquée par le respect le plus formaliste du protocole : Jacques Chirac s'approche de son épouse et… l'embrasse sur les deux joues.

Ces baisers pourraient paraître anodins ; ils ne le sont pas. Ils ont même donné lieu à une passe d'armes familiale lors des réunions préparatoires, selon plusieurs de ses participants[a]. « J'embrasserai ma femme », a annoncé le chef de l'État réélu. « Non, c'est impossible. Ce serait ridicule ! » a répliqué Claude. Jacques Chirac a fait fi des objurgations de sa fille. Il tient à rendre publiquement hommage à la première dame – ce qu'il s'était bien gardé de faire en 1995.

C'est qu'en sept ans le statut de Bernadette Chirac a changé du tout au tout. Peu à peu, elle a conquis une influence que nul ne lui conteste plus. Son flair politique, comme les erreurs de son conjoint – notamment la dissolution de l'Assemblée nationale, à laquelle elle était opposée – ont accrédité la justesse de ses vues. Et sa cote de sympathie auprès des Français est devenue impressionnante. « Bernadette Chirac s'est imposée comme la première dame la plus populaire de la V^e^ République, indique Gaël Sliman, le président de l'institut de sondage Odoxa. Grâce à son engagement caritatif, très consensuel, mais aussi parce qu'elle s'est montrée stoïque face aux infidélités de son époux. Comme Hillary Clinton au moment de l'affaire Lewinski, et contrairement à Valérie Trierweiler avec François Hollande, Bernadette Chirac a su faire passer les devoirs de sa personne publique avant les douleurs de sa personne privée[a]. »

Cette montée en puissance progressive n'a pas échappé aux conseillers de l'Élysée, et notamment à Frédéric de Saint-Sernin, dont la mission consistait précisément à suivre les enquêtes d'opinion. « En 2000, raconte-t-il, je reçois avant sa publication dans *Le Point* un sondage Ipsos très positif pour Bernadette Chirac. Ses conclusions sont limpides : les Français ne sont pas toujours d'accord avec elle sur le fond, mais ils ont du respect pour sa personnalité. Ils estiment qu'elle incarne les valeurs traditionnelles, qu'elle représente bien la France et qu'elle reste digne malgré les frasques de son mari[a]. »

Dans la foulée, Saint-Sernin prépare une note pour le Président et la lui présente en lui déclarant en substance : « Nous sommes à six mois des municipales et à un an et demi de la présidentielle. Nous venons de perdre les législatives, les régionales et les européennes. Votre épouse constitue un atout précieux. » Ce à quoi le chef de l'État répond : « Tu as raison. Elle est populaire, elle aime le terrain, elle est demandée par les candidats. Utilisons-la pour les municipales, mais prenons garde à ne pas l'envoyer n'importe où. »

« C'est la feuille de route que nous avons suivie, reprend Saint-Sernin. Avec le principal conseiller de Bernadette Chirac, Bernard Niquet, nous avons établi son programme, tout en lui laissant croire, bien sûr, que c'était elle qui décidait. »

Dès lors, la première dame multiplie les déplacements à Toulon, à Caen, à Avignon, à Nîmes, à Dijon... Partout, elle est sollicitée ; partout, elle est acclamée. Plusieurs maires de droite sont même convaincus que sa venue a contribué à faire basculer leur ville.

Ce succès la conforte dans l'entreprise qu'elle a commencé à mettre en place depuis quelques mois avec Patrick de Carolis. « Mon éditeur m'avait demandé de rédiger un livre d'entretiens avec une célébrité et le nom de Bernadette Chirac avait été avancé, raconte le journaliste. Le hasard a voulu que je la reçoive sur le plateau de mon émission, *Des racines et des ailes,* en octobre 2000. J'en ai profité pour lui faire part de cette idée, qui l'a aussitôt séduite. Elle m'a rappelé quelques jours plus tard et nous sommes convenus de commencer à travailler après les fêtes de fin d'année[a]. »

Signe de son émancipation croissante, elle décide dans un premier temps de… ne pas informer son mari. Son conseiller, Bernard Niquet, s'en inquiète auprès de Patrick de Carolis : « On a un problème. Le Président n'est pas au courant. »

« J'ai abordé ce sujet lors de notre rendez-vous suivant, raconte le journaliste. Elle m'a répondu sans hésitation : "Le temps où il me fallait demander la permission est révolu[a]." »

L'ouvrage, qui paraît en octobre 2001, connaît un succès considérable (plus de 500 000 exemplaires à ce jour). Les Français y découvrent une Bernadette Chirac drôle, décalée, sensible, spontanée. Elle y aborde sans fard des sujets douloureux, comme la maladie de Laurence ou l'infidélité de son conjoint. Elle s'y dévoile en épouse bafouée, mais stoïque. En femme « jalouse ». En mère « souffrante ». Loin de toute démagogie, elle y défend la famille, le catholicisme, l'autorité parentale, la patrie. Les plus conservateurs adorent ; les autres saluent sa franchise. Bref, Bernadette n'est plus simplement « l'épouse de ». Elle est devenue, par sa volonté et son caractère, une personnalité reconnue pour ses qualités propres. « Elle était à la recherche de ce qui pouvait susciter l'admiration de son mari », se souvient Patrick de Carolis. « Elle aime la lumière. En réalité, elle s'est révélée au fil des années comme une véritable personnalité politique, avec sans doute la conviction qu'elle aurait pu être davantage que conseillère générale de Corrèze. Ce livre a conforté cette dimension », souligne Christine Albanel[a].

Bernadette Chirac finit, bien sûr, par parler de son livre au Président, en amont de sa publication. Car si cet ouvrage marque une forme de reconnaissance personnelle, elle n'oublie pas d'en faire, comme toujours, un instrument au service de son conjoint. « Elle lui a fait relire les épreuves, indique Patrick de Carolis, auxquelles il n'a d'ailleurs apporté que des corrections de détail. » Et pour cause, sa femme est trop fine mouche pour agir à l'emporte-pièce. À l'occasion, elle sait même mentir aussi bien que lui, en niant par exemple effrontément tout différend avec sa fille Claude ou avec Dominique de Villepin. Pour le reste, elle dévoile des vérités qui ont pour conséquence, sinon pour objet, d'humaniser un peu plus son mari.

Au demeurant, tout était sous contrôle. « Le livre avec Patrick de Carolis a été surveillé par Bernard Niquet, assure Laurence Reculet, qui a participé à la rédaction de l'ouvrage. Il est exact que le Président et Claude ne l'ont relu qu'en toute fin de parcours, mais Niquet les informait de son évolution au fur et à mesure, ce dont Mme Chirac était parfaitement au courant. Si elle avait vraiment voulu publier ce livre en secret, elle n'aurait pas permis à son conseiller d'être là[a]. » En fait, tout le monde savait que tout le monde savait.

De toute manière, Jacques Chirac ne risquait pas grand-chose. « Que pouvait-il craindre ? résume l'historien Jean-Luc Barré. Que son épouse dise qu'il plaisait beaucoup aux autres femmes ? Ce n'était pas une révélation. Qu'il s'était parfois trompé politiquement ? Il était le premier à le reconnaître[a]. » En réalité, ce livre inquiète surtout l'entourage du Président – à commencer par Dominique de Villepin, qui voit d'un mauvais œil émerger le contre-pouvoir de Bernadette Chirac.

L'ascendant de la première dame devient flagrant lors de la campagne présidentielle de 2002. Chirac, pragmatique comme à son habitude, en est persuadé, sa montée en puissance peut le servir en confortant le flanc droit de son électorat. « Elle a ramené vers lui des citoyens conservateurs, catholiques et ruraux tandis que lui-même séduisait des Français plus ancrés au centre et au centre-gauche », résume François Baroin[a]. « Elle a capté des gens qui, aujourd'hui, votent Le Pen. C'est en ce sens qu'elle dit que la victoire de son mari est un peu la sienne », complète Béatrice de Andia[a].

Tant pis pour ceux qui ne le comprennent pas. « Lors d'une séance de travail en l'absence du chef de l'État, j'ai insisté pour que Mme Chirac participe à un certain nombre de réunions, se souvient le directeur de la campagne de 2002, Antoine Rufenacht. Claude m'a regardé d'un air un peu interloqué et quelqu'un a fait part ouvertement de ses réserves :

— Le Président ne le veut sûrement pas.

J'ai simplement répondu :

— J'entends vos remarques. Je poserai donc la question au chef de l'État.

Je l'ai rencontré dans les heures qui ont suivi et lui ai donné ma position :

— Je pense qu'il serait bon que Mme Chirac participe aux réunions que tu présideras.

Il n'a pas hésité une seconde et a approuvé :

— Mais naturellement !

Il savait parfaitement ce qu'elle lui apportait, conclut Rufenacht. Il l'avait mesuré aux municipales[a]. »

Il n'aura même qu'à s'en féliciter. Pendant la campagne électorale, Bernadette, qui a gardé ses fonctions de Madame Pièces jaunes et de conseillère générale de Corrèze, pressent la montée du vote en faveur du Front national. « Vous verrez, Le Pen sera au second tour, prévient-elle ses amis en Corrèze, mais quand je dis cela à Paris, tout le monde se moque de moi[a] ! » Elle n'en démord pas, pourtant. « Le matin même du second tour, alors qu'elle s'apprêtait à reprendre l'avion après avoir voté à Sarran avec son mari, elle me l'a répété sur le tarmac de l'aéroport de Brive, affirme Bernard Murat : “Ce soir, vous verrez, Le Pen sera au second tour[a].” »

Le 21 avril, quand l'incroyable devient réalité, le Président n'arrive pourtant pas à croire Villepin quand celui-ci passe une tête dans son bureau pour annoncer les premières tendances :

— Le Pen serait qualifié pour le second tour !

— Dominique, foutez-nous la paix et laissez-nous travailler ! répond Jacques Chirac, encore incrédule.

Vingt minutes plus tard, Patrick Stefanini, un autre membre de l'équipe, revient et annonce :

— Cette fois, c'est confirmé, Jospin est éliminé.

D'abord, le Président semble décontenancé : « Ce n'est pas possible ! » Puis il se redresse et déclare : « La seule personne qui me l'avait annoncé, c'est Bernadette. » « Nous étions une quinzaine à ce moment-là, dont elle. Il est évident que cela lui a fait plaisir », se souvient Antoine Rufenacht[a].

Le soir du second tour, c'est donc à Bernadette, et à Bernadette seule, que Chirac rend hommage, et ce en sa présence. Une attitude aussi exceptionnelle que cette soirée électorale hors du commun.

Pour son épouse, cette déclaration marque le temps de la reconnaissance. Enfin, son conjoint la considère pour ce qu'elle estime être depuis toujours, une femme politique à part entière. Combien de regards méprisants et de rebuffades aura-t-elle dû subir avant d'en arriver là ? Voilà des années qu'elle bataille contre des technos en costume-cravate aussi interchangeables qu'incompétents, contre des conseillers aussi influents que condescendants, contre sa propre fille, contre son mari lui-même ! Mais enfin, à force de volonté, elle touche aujourd'hui au but. Elle aurait tort de ne pas savourer ce moment.

## 32

## « Sur la Corrèze, Chirac la laissait faire »

« Monsieur le préfet, vous devez prendre en considération que je suis la femme du Président ! » Combien de fois les représentants de l'État en Corrèze ont-ils entendu cette phrase dans la bouche de Bernadette Chirac ? À partir de 1995, tout haut fonctionnaire nommé à Tulle se retrouve dans une position inconfortable. Bien sûr, une éventuelle réussite dans le département du nouveau chef de l'État est susceptible de donner un coup d'accélérateur avantageux à une carrière. Mais toute erreur peut avoir l'effet inverse. Et le juge des élégances porte un seul nom, ou plutôt un seul prénom, Bernadette.

En entrant à l'Élysée, Jacques Chirac a en effet décidé de couper le cordon avec son ancien fief électoral. Logique, il est désormais le président de tous les Français. Jacques Pilhan et Claude, qui gèrent sa communication, le lui ont expliqué : le plateau de Millevaches, c'est bien joli, mais cela fait province, cela tire vers le bas. Quand on occupe le bureau du général de Gaulle, on se doit de tutoyer les sommets, de se concentrer sur les enjeux planétaires, de s'afficher au côté des grands de ce monde. Le Zambèze, désormais, doit passer avant la Corrèze !

Dégât collatéral, de Brive à Ussel en passant par Uzerche et Argentat, cette nouvelle stratégie provoque un légitime sentiment d'abandon. Les Corréziens ne voient plus leur grand homme que de loin en loin, et encore, souvent en coup de vent. Ils ne comprennent pas ce soudain désamour et ne tardent pas à le faire savoir. Il est donc impératif de trouver une solution et celle-ci, au demeurant, a les allures de l'évidence. « Désormais, vous aurez ma femme », explique Chirac en marge de ses vœux à Tulle, en janvier 2016. Ce relais qui lui est tendu, Bernadette va s'en emparer. Et ne plus s'en dessaisir.

Dans le département, cette nouvelle répartition des rôles fait tousser, notamment à droite. La légitimité de Jacques était incontestée, au point qu'il était toujours resté le patron de fait de la Corrèze, bien après avoir quitté la présidence du conseil général. Celle de Bernadette, en revanche, ne va pas de soi. Pourquoi cette simple conseillère générale devrait-elle disposer d'autant de pouvoirs ? Pourquoi devrait-elle se croire tout permis ? D'autant qu'il y a la manière. Autant Jacques savait mettre du liant, taper dans le dos, s'intéresser ou faire mine de s'intéresser à tous, autant Bernadette a souvent des comportements de reine mère. Dans les restaurants où ils ont leurs habitudes, la différence sauterait aux yeux d'un aveugle. « Lui serre la main à tous les hommes, embrasse toutes les femmes, témoigne un patron. Il demande : “Je n'ai oublié personne ?” Une heure et demie après, il fait la même chose pour dire au revoir. Il fait ça avec envie, avec bonheur, sans se forcer. Les gens le sentent, c'est pour ça qu'ils l'aiment. Bernadette, elle, trace, elle n'a pas envie qu'on l'ennuie. » Évidemment, sa popularité s'en ressent.

Peu lui en chaut. Son mari a décidé de lui confier ici les rênes de la maison Chirac ? Elle va s'employer à ce que la leçon entre dans toutes les têtes. Pour commencer, elle met la main sur la haute administration. À partir de 1995, tous les préfets ou presque sont nommés par elle. Confirmation par l'un des titulaires du poste, Philippe Galli : « J'ai succédé en 2006 à mon collègue Nicolas Basselier, que Mme Chirac jugeait trop proche de Dominique de Villepin. De manière tout à fait inhabituelle, ma nomination n'a pas été gérée par le ministère de l'Intérieur, mais directement par l'Élysée. Et bien entendu, avant de prendre mon poste, j'ai été convoqué pour un entretien avec la femme du chef de l'État. Elle m'a rapidement posé quelques questions, avant de me dire du mal d'à peu près tout le monde. Mais j'ai visiblement réussi l'examen de passage, puisque j'ai pris mes fonctions quelque temps après[a]. » Les colonels de gendarmerie comme les recteurs sont logés à la même enseigne. Et tout le monde file doux, de peur de se retrouver muté à Saint-Pierre-et-Miquelon ou à Wallis-et-Futuna…

Localement, Bernadette Chirac s'occupe aussi de politique. En 1998, Jean-Pierre Dupont est député RPR, mais il a l'intention de se présenter au Sénat. Ce projet déplaît furieusement à l'épouse du président de la République, comme le raconte Bernard Murat, alors maire (RPR) de Brive[a].

« Nous sommes au mois de février et Bernadette Chirac me demande de passer à Bity pour lui apporter un cadeau à l'intention de son petit-fils Martin – un énorme tracteur qu'elle avait laissé en dépôt à l'hôtel de ville. Je m'exécute, dépose le jouet, puis nous passons dans le salon. Nous commençons à discuter, quand tout à coup, elle déclare à ma plus grande surprise :

— Bernard, ce serait bien que vous vous présentiez au Sénat.

— Ce n'est pas mon objectif. J'ai l'intention de quitter la politique pour reprendre ma vie professionnelle.

— Réfléchissez, Bernard. Si Jean-Pierre Dupont démissionne de l'Assemblée nationale, il y aura une élection législative partielle et nous risquons de la perdre. Or une défaite dans l'ancienne circonscription de mon mari est tout à fait inenvisageable ! Les commentaires seraient terribles. Il faut donc que Dupont reste député et que vous le remplaciez aux sénatoriales. »

Murat avance bien une ou deux objections mais finit par capituler. « Elle me l'a demandé comme un service, se souvient-il. Et son argument était valable. » Tellement valable que Jacques Chirac, parallèlement, téléphone à Dupont pour lui tenir le même raisonnement. Et celui-ci de s'incliner. Il reste donc au Palais-Bourbon, tandis que Murat entre quelques mois plus tard au palais du Luxembourg. Voilà un problème d'évité.

Mais ce qui préoccupe avant tout Bernadette Chirac, bien sûr, ce sont les dossiers de son canton. Le concert de Johnny Hallyday, par exemple, « un ami » à qui elle a demandé de venir chanter chez elle.

L'événement est considérable. En ce 20 juillet 2003, la bourgade de Saint-Priest-de-Gimel, 500 habitants, s'apprête à accueillir 25 000 personnes ! Bernadette exulte. Ce spectacle, cette journée, cette foule, c'est elle, et elle seule, qui en est l'incontestable démiurge. Et pour l'occasion, le chef de l'État en personne s'est déplacé. Il ne lui adresse aucun compliment, comme à son habitude, mais sa seule présence équivaut à un éloge – du moins est-ce ainsi qu'elle l'interprète.

Tout le monde est donc heureux... sauf, encore une fois, le préfet du moment, François-Xavier Ceccaldi. « À la dernière minute, Bernadette s'est inquiétée pour les oreilles des enfants et a ordonné qu'on leur distribue des boules Quiès. Le préfet a dû ratisser toutes les pharmacies du département ! » relate Alain Albinet, journaliste politique au quotidien *La Montagne*[a]. Et les malheurs du haut fonctionnaire ne sont pas terminés...

Le jour du concert, les Chirac ont l'agréable surprise de voir surgir Laetitia Hallyday, qu'ils apprécient l'un comme l'autre. L'ancien mannequin a décidé de venir écouter son rocker de mari à l'improviste. Forcément, la présence de cette invitée de marque bouscule le protocole.

« Vous allez vous asseoir auprès de nous, décrète Bernadette. Ne vous inquiétez pas, nous allons vous trouver une chaise. »

Et de tourner son regard vers le pauvre Ceccaldi, lequel comprend aussitôt ce que l'on attend de lui. Avec un sourire très professionnel, le haut fonctionnaire cède sa place et s'en va quérir un autre siège où poser sa rotondité.

Fichu métier.

En Corrèze, à partir de 1995, il en va souvent ainsi. Qu'il s'agisse du passage du Tour de France, de la sauvegarde d'un bureau de poste ou de la création d'un village de vacances, Bernadette souhaite, Bernadette veut, Bernadette exige. Et, d'ordinaire, Bernadette obtient. Car son mari, le plus souvent, se met courageusement aux abonnés absents et ne s'oppose aucunement aux *desiderata* de son épouse. « Sur la Corrèze, Chirac la laissait faire », confirme l'un de ses très proches collaborateurs à l'Élysée[a]. « Le Président veillait à ce que tout se passe bien pour sa femme : il n'avait pas envie de l'entendre parler de la Corrèze du matin au soir », confirme le préfet Galli[a].

Un exemple, entre mille. La première dame se bat avec acharnement en faveur de la ligne à grande vitesse Poitiers-Limoges ? Lui n'y croit pas, mais se garde bien de le lui dire en face. Il préfère rester passif et jouer la montre, persuadé que la technostructure saura venir à bout de ce projet dispendieux. L'avenir lui donnera d'ailleurs raison.

Il est un domaine, en revanche, où le chef de l'État met vigoureusement de côté son épouse : sa succession à la tête de l'Association des centres éducatifs du Limousin, une structure qu'il a créée en 1967. S'en séparer est pour lui un crève-cœur : depuis toujours, Chirac est sensible à la cause des handicapés, à laquelle il s'est intéressé avant même la maladie de Laurence. « De 1972 à 1995, il n'a jamais manqué une assemblée générale de l'association, même quand il était Premier ministre », rappelle Françoise Béziat, qui la dirige aujourd'hui[a]. Son contact avec les handicapés impressionne tous ceux qui l'ont vu, un jour ou un autre, passer de longues heures à leurs côtés, leur prendre intensément la main, se laisser embrasser sans se soucier de la bave qui coule sur son costume de prix.

Pourtant, en juillet 1995, les obligations de sa charge obligent le nouveau président à transmettre le flambeau. Pour l'occasion, une grande fête est organisée à Bort-les-Orgues. L'ambiance y est extraordinaire, c'est la première fois que le chef de l'État revient en Corrèze depuis son élection. Et, évidemment, il y a foule. Seule une personnalité de marque brille par son absence, Bernadette. On ne s'en étonne qu'à moitié, car ce n'est pas à elle que le Président a choisi de passer la main, mais à un homme qu'elle n'apprécie pas, Jean-Pierre Dupont. Un double affront.

Mais enfin, c'est là l'exception qui confirme la règle. En temps ordinaire, Bernadette est désormais ici comme une reine en son royaume. Depuis 1970, on connaissait Chirac le Corrézien. Désormais, la Corrézienne, c'est elle.

# 33

## « Je passe à la télévision demain. Je ne sais pas ce que je vais dire… »

Désormais, le chef de l'État regarde d'un autre œil cette épouse qui a su déceler la poussée du Front national et ramener vers lui une frange de l'électorat tentée par le vote Le Pen. Mais il y a plus. Il apprécie chez elle ses idées bien arrêtées, qui l'aident à structurer sa propre pensée. Elle a également l'avantage d'être résolument à droite, ce qui l'empêche de dériver vers sa pente naturelle, ce radical-socialisme un peu mou qui est aussi celui de Claude. Et puis, les ventes de son livre le prouvent, elle touche le cœur des Français.

Forte de sa nouvelle situation, la première dame ne manque pas l'occasion de pousser son avantage. « Quand elle voulait quelque chose, elle utilisait deux techniques : soit elle en parlait dans une réunion *ad hoc*, soit elle évoquait la question en tête à tête avec son mari, commente un proche collaborateur. J'ai fini par le déceler, d'ailleurs. Quand Chirac formulait une demande qui venait d'elle, il s'exprimait différemment. Il était plus cassant ; il n'ouvrait pas la discussion. Il voulait qu'on lui obéisse sur-le-champ et passait rapidement à autre chose[a]. »

Il accorde ainsi à sa femme un droit de regard sur certaines nominations. Les hauts fonctionnaires de Corrèze, on l'a vu, mais aussi le chef cuisinier de l'Élysée, l'élévation de Bernard Niquet au rang de préfet des Yvelines... Il accède également à son désir à propos du nouveau chef du protocole, Paul Poudade. L'ancien ambassadeur de France en Hongrie n'a-t-il pas toujours été d'un dévouement extrême pour cette fidèle de la saison musicale de Budapest ? Il avait notamment compris à la perfection le message politique qu'elle lui avait fait passer en 1997 : « Pour la prochaine élection présidentielle, nous aurons besoin de tout le monde, et notamment de l'UDF, des centristes, de Raymond Barre. Comme vous le savez, je suis invitée ici par Mme Barre [NdA : d'origine hongroise]. Je souhaite passer le plus de temps possible avec elle. Ne le prenez pas mal, monsieur l'ambassadeur, mais faites en sorte d'adapter notre programme[b]. »

M. l'ambassadeur avait merveilleusement fait en sorte. Elle ne l'avait pas oublié.

Au moment où Paul Poudade prend ses fonctions, en décembre 2001, la première dame lui dévoile les dessous de sa promotion. Il raconte :

« Le Président avait choisi un autre diplomate et en avait informé son épouse. D'abord, elle n'a rien dit, car "il ne faut jamais contrarier un homme sur le moment", m'a-t-elle affirmé. Elle a décidé d'attendre le lendemain avant de revenir à la charge :

— Jacques, il serait bon que ce soit Paul Poudade. Nous lui devons beaucoup.

Finalement, le chef de l'État a cédé, ce qu'il m'a d'ailleurs fait sentir lorsqu'il m'a reçu pour la première fois. “Ma femme vous apprécie beaucoup”, m'a-t-il lancé sur un ton mi-figue mi-raisin. Une manière de me faire comprendre que je n'étais pas son candidat originel[a]… »

Il arrive aussi à Bernadette Chirac d'être à la source de certaines évictions, comme celle de Jean-Marc Lech. Ce politologue amoureux des sondages a longtemps été un conseiller écouté du chef de l'État ; mais, à l'automne 2001, il lui prend l'idée saugrenue d'affirmer à la télévision que la première dame n'est d'aucune utilité pour l'image de son conjoint. « Mme Chirac a parlé de votre cas à M. Jacques Chirac », le prévient aussitôt Bernard Niquet. Il est écarté du dispositif présidentiel dans les jours qui suivent[c].

Elle profite aussi de son nouveau statut pour jouer avec les nerfs de son mari. Quand elle est invitée par les médias, ce qui lui arrive de plus en plus souvent, elle s'amuse à le menacer. « Je passe à la télévision demain. Je ne sais pas ce que je vais dire… » Elle plaisante, mais elle laisse avec volupté planer un petit doute. Claude s'inquiète. Le Président aussi, qui l'appelle plus souvent encore qu'à son habitude, craignant un dérapage. Elle jubile.

Au fil du temps, elle prend de l'assurance. Lors de la garden-party organisée à l'Élysée le 14 juillet, c'est elle désormais qui cornaque les Corréziens, auxquels on réserve un traitement privilégié. « En 2005, il faisait très chaud, se souvient Françoise Béziat, la directrice de la Fondation Jacques-Chirac, située à Ussel. Vers 18 heures, les invités commençaient à partir quand Mme Chirac est venue nous alerter : "Les Corréziens, vous attendez !" Elle nous a ensuite fait entrer dans un salon du palais et c'est là qu'elle nous a annoncé la grande nouvelle : "Je vais faire descendre Jacques." Et en effet, le Président est arrivé. Il avait pris une douche, s'était changé, avait revêtu un costume magnifique. Il nous a consacré du temps, à nous seuls, et l'on sentait que c'était un moment important pour Mme Chirac. » De fait, c'est elle qui a voulu et organisé cette rencontre pour « ses » Corréziens. Le message implicite est clair : « Voilà ce que je fais pour vous et ici, quand il s'agit de la Corrèze, c'est moi qui commande. » « Lors du premier septennat, note Françoise Béziat, nous ne bénéficiions pas d'un tel traitement[a]. »

Le plus souvent, toutefois, elle use d'une stratégie subtile, en laissant les apparences de la décision à son conjoint. Une technique qu'elle avait déjà éprouvée du temps de la mairie de Paris, comme le montre cet exemple rapporté par Caroline Pigozzi[d].

Dans les appartements privés de l'Hôtel de Ville, un tableau orne la salle à manger des Chirac. On y distingue au premier plan un grand paon majestueux et, derrière lui, une petite paonne discrète. Métaphore déplaisante pour Bernadette, qui cherche depuis des années le moyen de le retirer, mais qui, toujours, se heurte au veto de son mari. En homme d'habitudes, celui-ci déteste que soit modifié le moindre élément de son décor. C'est l'impasse.

La solution miraculeuse lui est offerte par un invité qui l'informe un beau jour de la réputation attachée à ces volatiles : « Ils portent malheur ! » Un merveilleux prétexte qu'elle saisit pour remettre le sujet sur la table. Vaguement superstitieux, Chirac finit par s'incliner. Adieu, les paons !

Mais Bernadette est trop finaude pour verser dans l'arrogance. Quelques jours plus tard, un visiteur s'étonne devant eux de la disparition du tableau. L'épouse du maire affirme, d'un ton tranquille : « C'est une idée de mon mari. Il ne l'aimait pas du tout. »

Du grand art.

Comme il est loin, désormais, le temps où les observateurs la jugeaient transparente. « En 1974, elle était présente au ministère de l'Intérieur lorsque Chirac a décidé de soutenir Giscard contre Chaban, se souvient un témoin. Elle n'a pas dit un mot et lui n'a sollicité son avis à aucun moment[a]. » « J'ai commencé à travailler avec Chirac en 1983. On ne la voyait jamais à son côté et lui n'en parlait à aucun moment. À ses yeux, ce n'était pas un sujet », complète Dominique Perben[a]. « À Paris, elle a été une maîtresse de maison remarquable, mais elle n'avait aucune influence sur les décisions politiques », ajoute Jean Tiberi[a].

À cette époque, son autorité est encore si peu assurée que beaucoup la traitent avec désinvolture. « Le soir de l'élection présidentielle de 1974, raconte-t-elle, j'ai passé la soirée au ministère de l'Intérieur, qu'occupait alors mon mari. Il y avait là une femme de préfet qui s'est avancée vers moi pour me dire : "Vous êtes Mme Chirac ? Eh bien, dans le fond, vous êtes moins moche qu'à la télévision[a]." » Elle le constate sans déplaisir, de telles irrévérences n'ont plus cours aujourd'hui.

Peu à peu, elle s'est ménagé une nouvelle place. Sa première intervention publique remonte au 17 septembre 1979, à l'occasion d'un article retentissant publié dans le magazine *Elle.* On est alors au lendemain des élections européennes, où son époux a enregistré un cuisant échec. En cause, son fameux « appel de Cochin », un texte prenant Valéry Giscard d'Estaing pour cible dans des termes outranciers : « Comme toujours quand il s'agit de l'abaissement de la France, le parti de l'étranger est à l'œuvre avec sa voix paisible et rassurante. Français, ne l'écoutez pas ! C'est l'engourdissement qui précède la paix de la mort. » Elle en est persuadée, cette diatribe emphatique a été arrachée à son conjoint alors qu'il souffrait le martyre sur son lit d'hôpital après son terrible accident de voiture. À l'origine de cette sordide manœuvre, ses conseillers les plus influents du moment, Pierre Juillet et Marie-France Garaud. Deux personnages qui parlent à Chirac comme à un écervelé et qui la traitent elle-même avec mépris. Alors qu'elle venait rendre visite à son mari, Marie-France Garaud n'a-t-elle pas osé lui intimer : « S'il vous plaît, madame, laissez-nous, nous parlons d'affaires sérieuses[e] » ? Bernadette Chirac est décidée à mettre fin à leur influence néfaste.

Alors, elle attaque à son tour. Dans l'entretien qu'elle accorde à Christine Clerc, elle déclare sans ambages : « Ces gens-là s'en iront. Ou bien c'est moi qui partirai. » Des propos tenus « sans l'accord de son mari, qui ne l'aurait certainement pas autorisée à me dire tout cela, souligne la journaliste. Sur le moment, cela l'a d'ailleurs desservi en accréditant la thèse d'homme “manipulable” que propageait alors le président Valéry Giscard d'Estaing[a]. »

Elle obtient gain de cause, mais il faut toutefois relativiser sa victoire. Si elle l'a emporté, c'est d'abord parce que son mari était du même avis qu'elle. « À ce moment-là, rappelle Franz-Olivier Giesbert, Chirac en veut à Garaud et Juillet. Il leur reproche de l'avoir mené à l'échec aux européennes, d'avoir contraint son conseiller Jérôme Monod à la démission et de l'avoir poussé à soutenir Edgar Faure contre Jacques Chaban-Delmas pour l'élection au “perchoir” de l'Assemblée nationale[a]. » Autrement dit, il a déjà décidé d'écrire son avenir politique sans eux. La sortie médiatique de son épouse rend simplement sa décision irréversible.

Ce coup d'éclat passé, Bernadette Chirac retourne à un certain anonymat qui durera une douzaine d'années. En 1990, peu après l'effondrement de l'Empire soviétique, elle en sort modestement en mettant sur pied – avec l'accord de son conjoint – l'Association culturelle du Pont-Neuf, qui organise des échanges avec les jeunes d'Europe de l'Est, comme on dit alors. À l'Hôtel de Ville, elle multiplie les concerts et les expositions artistiques, souvent de grande qualité. Jacques Chirac est bien présent lors des inaugurations, mais, dans ces circonstances, il reste à l'arrière-plan : on est clairement dans le domaine réservé de Bernadette, *a fortiori* lorsqu'il s'agit de musique classique, à laquelle le maire est totalement hermétique.

« Je me souviens d'un concert auquel était venu assister Chirac, raconte Bernard Bled. Les musiciens commencent à jouer quand, tout à coup, le programme qu'il tient dans les mains tombe à terre. Je vois alors Bernadette se tourner vers lui et lui dire :

— Jacques, vous dormez !

— Mais pas du tout, répond-il avec son culot habituel. C'est formidable, formidable !

Et Bernadette, pas dupe, de lui répliquer.

— Il me semble qu'il vaudrait mieux que vous ne veniez plus. »

Il ne se le fera pas dire deux fois.

À cette époque, Bernadette s'épanouit donc principalement dans la sphère culturelle. Bientôt, elle prendra une nouvelle dimension en se consacrant corps et âme à la collecte des Pièces jaunes et au sort des personnes hospitalisées. Dans les deux cas, elle y déploie tout son talent, qui n'est pas médiocre, et y dévoile son caractère, qui l'est parfois davantage.

Tout cela est fort bien, mais enfin elle reste là, confinée aux secteurs traditionnellement dévolus aux premières dames, les arts et les bonnes œuvres. Aussi utiles ces engagements soient-ils, ils ne la contentent pas tout à fait, car elle reste exclue du seul domaine qui importe vraiment aux yeux de son mari, la politique. Elle ne s'est jamais privée de donner son avis, bien sûr. Elle s'est ainsi prononcée contre sa candidature de 1981 et contre la cohabitation en 1986[f], mais Jacques Chirac l'écoutait alors par simple politesse : au fond, qu'y connaissait-elle ? Avec son triomphe des années 2001-2002, la première dame a le sentiment d'avoir changé de statut. Désormais, quand elle parle, il l'écoute !

Pas de malentendu, cependant. Le Président lui prête certes une oreille attentive, mais il est loin de la suivre aveuglément. Si, en 2002, il nomme Jean-Pierre Raffarin à Matignon, comme elle le souhaite, c'est tout simplement parce que cela correspond à son intérêt ; il veut un homme qui ne lui fasse pas d'ombre et qui puisse rassurer l'électorat centriste. En revanche, il n'écoute pas les conseils de son épouse quand elle l'encourage à mentionner «l'héritage chrétien» dans le préambule de la Constitution européenne. Pas plus qu'il ne se conforme à son opinion quand elle prétend le dissuader de soumettre ce texte à référendum en 2005 – à tort, il le perdra. Il s'oppose également à ses velléités d'entrer au Sénat, notamment en 2004, lorsque la place de l'ami Maurice Ulrich se libère à Paris. «Les Français ne comprendraient pas», argumente-t-il[g].

Chirac reste le Président. C'est lui, et lui seul, qui a été élu ; c'est lui, et lui seul, qui décide. Il ne manque pas de le lui rappeler quand, de temps à autre, elle semble grisée par son nouveau pouvoir. C'est le cas notamment lors de l'élection municipale d'Ussel, en 2001. Jacques Chirac a toujours gardé un œil sur cette ville où il a fait ses débuts en politique et que tient son vieil ami Henri Belcour. Mais cette année, le bon docteur a décidé de passer la main à l'un de ses adjoints, Laurent Chastagnol. Un choix qu'approuve le chef de l'État mais que conteste sa femme, qui soutient en sous-main un autre candidat, libraire de son état, Gilles Pégourier. Le Président est mécontent, et bien décidé à le faire savoir. Quelques semaines avant le scrutin, en marge de ses vœux aux Corréziens, à Tulle, il pose ostensiblement en photo au côté de Chastagnol. Une primaire s'ensuivra, que finira par remporter le candidat de Belcour et de Chirac, pour le plus grand déplaisir de la première dame.

Entre elle et le Président, le rapport de force a donc légèrement évolué, mais il reste sans conteste à l'avantage du chef de l'État. Et si d'aventure elle ne l'avait pas tout à fait compris, il va s'employer à le manifester dans le choix des hommes clés de sa présidence, qu'il s'agisse d'Alain Juppé, de Dominique de Villepin ou de Nicolas Sarkozy.

# 34

## « Vous avez vu Alain ? Comment va-t-il ? »

L'histoire politique ne retiendra sans doute jamais le nom de Raymond-Max Aubert. L'homme peut pourtant se targuer d'avoir battu François Hollande lors des législatives de 1993 en Corrèze et d'avoir arraché la mairie de Tulle aux communistes, en 1995. Un parcours brillant qui valut à ce fringant quadragénaire d'entrer la même année au gouvernement en tant que secrétaire d'État au Développement rural. À l'époque, cet énarque chiraquien et corrézien, passé qui plus est par la mairie de Paris et la fondation Claude-Pompidou, semble en pleine ascension politique.

Mais cela, c'était *avant*. Avant que tout ne s'effondre.

Sa dégringolade commence dès le 7 novembre 1995, lorsqu'il est débarqué de son ministère par Alain Juppé, qui ne s'embarrasse d'aucune circonlocution superflue. Dehors, point à la ligne. L'intéressé n'est pas seulement déçu, il se sent dégradé, mortifié, déconsidéré. Le Premier ministre n'en a cure : que pèse Raymond-Max Aubert ?

Erreur. Le chef du gouvernement ignore que, ce faisant, il vient d'aggraver son cas auprès de Bernadette Chirac, qui ne le portait déjà pas vraiment dans son cœur. «Ce jour-là, Juppé, qui n'en rate pas une, a eu l'idée lumineuse de faire tomber le ministre du département du président de la République ! Il n'aurait pas pu en choisir un autre ?» pestait-elle encore une vingtaine d'années plus tard[a].

Ce n'est pas franchement une surprise, mais, six mois après la victoire de Jacques Chirac à la présidentielle, les relations sont houleuses entre la première dame et l'hôte de Matignon. Le problème est qu'elles vont aller de mal en pis. Deux ans plus tard, la dissolution n'a pas seulement pour conséquence de plonger dans le ridicule un chef de l'État qui vient d'inventer le «septennat de deux ans», selon la formule cruelle de Pierre Mazeaud. Cette aventure politique menace surtout ce qui fut l'ambition commune du couple Chirac et la construction d'une vie – la conquête du pouvoir suprême. C'est peu dire qu'elle en veut à mort au Premier ministre. Car, en épouse transie, ce n'est pas sur son mari qu'elle fait porter la responsabilité de cette décision fatale, mais sur ceux qui l'entourent : Villepin, l'insupportable secrétaire général, et Juppé, ce catastrophique chef de gouvernement qui s'est mis l'opinion à dos avec sa politique calamiteuse et son comportement intransigeant.

Au reste, elle n'a jamais senti le bonhomme. Un garçon intelligent, elle est bien obligée d'en convenir, mais raide, sans charme, ennuyeux, pète-sec. Ce n'est pas qu'il se montre particulièrement agressif avec elle, non ; mais il lui parle comme à tout le monde, sans lui marquer de considération particulière, sur le ton vaguement dédaigneux d'un premier de la classe fatigué de perdre son temps avec des personnes moins intelligentes que lui. Rien à voir avec les manières d'un Balladur, dont elle a longtemps apprécié l'onctuosité, ni même avec celles d'un Pasqua, qu'elle a toujours trouvé « gentil » et « drôle » sous ses dehors populaires – avant que ces deux-là ne trahissent son conjoint, bien sûr.

Sur le fond, elle n'a pas vraiment tort. Juppé masque sa timidité derrière une suffisance qui le rend souvent antipathique. « En 1995, la plupart des ministres sortaient de Matignon mécontents, relate l'un d'eux. Je me souviens d'une réunion interministérielle consacrée à la réforme fiscale. Jean Arthuis, le ministre de l'Économie, en était le responsable théorique, mais Juppé l'interrompait sans cesse en montrant son impatience : “Bon, ça va, on a compris, on ne va pas y passer trois heures.” Il ne cessait de lui signifier sa supériorité intellectuelle. Pour Arthuis, c'était épouvantable, d'autant qu'il subissait cette humiliation devant ses collègues[a] ! »

Seuls les abysses de l'impopularité dans lesquels le Premier ministre sera bientôt plongé puis la défaite de 1997 parviendront à le faire (un peu) évoluer. Mais en 1995, Juppé n'a pas encore abordé les rivages de l'introspection. À la femme du président de la République, il ne réserve ni rond-de-jambe appuyé ni formule obséquieuse. Coupable égarement. « Bernadette Chirac est une personne qui aime qu'on lui manifeste sa déférence – pas seulement de la courtoisie, de la déférence, souligne Alain Duhamel. Elle considère que s'occuper d'elle est un privilège et que l'on doit être à sa disposition. Elle est habituée à ce que les hommes politiques lui fassent des politesses. Cela n'a jamais été le cas de Juppé, qui n'est pas un homme de cour[a]. »

À sa décharge, il a connu Bernadette Chirac très tôt, dès 1976, à une époque où elle était encore une conjointe très effacée. Vingt ans plus tard, il n'a relevé ni les prémices de son émancipation ni son besoin de reconnaissance. Il voit toujours en elle ce qu'elle est – l'épouse du patron – et non ce qu'elle estime être devenue, une femme politique.

La première dame est décidée à lui rendre la monnaie de sa pièce, quitte à patienter pour cela le temps qu'il faudra. Dès que les occasions se présenteront, elle ne les laissera pas échapper. À partir des années 2000, non seulement elle soutient de toute son énergie Nicolas Sarkozy, mais elle ne manque pas d'adresser publiquement à son principal rival pour la présidentielle quelques rebuffades bien senties. Elle assène ainsi en septembre 2014 sur Europe 1 : « Juppé ? Qu'est-ce que Juppé a à voir avec Nicolas Sarkozy ? Lui est très, très froid. Il n'attire pas les gens, les amis, les électeurs éventuels. » Le 2 octobre, elle récidive au micro de Patrick Poivre d'Arvor, sur Radio Classique : « Vous le trouvez chaud, vous ? Enfin, chaleureux ? C'est quand même quelqu'un d'intimidant. » Le 21 novembre 2014, elle pousse le bouchon un peu plus loin, à l'occasion de la cérémonie de remise des prix de la fondation Jacques-Chirac. Devant les caméras, elle salue une à une les personnes présentes autour d'elle. L'ancien Premier ministre, précisément, est là.

Respectueusement, il se lève en attendant son tour… Matoise, l'ex-première dame s'arrête à quelques mètres, le fait patienter à dessein, discute avec les uns et les autres et finalement… s'assied sans même lui dire bonjour ! On a connu aristocrate plus attachée aux convenances.

Parfois, elle verse dans l'insidieux. Au mitan des années 2010, elle ne trouve rien de mieux que de recommander à la mairie de Bordeaux le recrutement d'un cadre du musée de Sarran, dont elle cherche à se débarrasser depuis des années ! Un piège dans lequel l'édile de la capitale girondine n'est pas tombé, mais qui n'a pas contribué à réchauffer leurs relations.

Il est vrai que Juppé a un dernier défaut aux yeux de Bernadette Chirac, le plus grave peut-être : il a, depuis longtemps, gagné la confiance de son mari. Une influence insupportable aux yeux de cette femme jalouse, qui s'est toujours montrée méfiante, voire agressive à l'égard des conseillers de son époux, à quelque époque que ce soit. « Elle n'a jamais aimé les gens qui avaient de l'influence sur lui, que ce soit Garaud, Juppé ou Villepin. C'est systématique », relève Franz-Olivier Giesbert[a].

Juppé fait d'autant moins exception à la règle qu'il est bien plus qu'un conseiller parmi d'autres. « Il a été l'un des premiers collaborateurs de Jacques Chirac, qui lui a fait rédiger ses discours, l'a fait plancher sur ses programmes, réaliser des notes sur les sujets les plus divers, rappelle Alain Duhamel. Peu à peu, il s'est imposé auprès de lui non comme le caractère le plus facile, mais comme le meilleur cerveau. »

Chirac est rassuré par cet ordinateur ambulant qui trouve réponse à tout. Un homme avec lequel il a connu les victoires, les épreuves, les trahisons, les reconquêtes. Un homme qui, contrairement à Sarkozy, s'est toujours projeté comme son successeur et non comme son concurrent. Un homme qui ne l'a pas trahi en 1994, même si lui aussi a tangué et cru, au vu des sondages, à son inéluctable défaite. « À l'hôtel de ville de Paris, Juppé nous disait : "Et dire que c'est moi qui serai obligé d'aller voir Balladur en robe de bure pour négocier la suite !" », assure Bernard Bled[a]. Mais Chirac est persuadé que jamais il n'a songé à rallier le camp adverse. Loyal il a été, loyal il est resté.

L'intéressé fera même preuve d'un dévouement sacrificiel lors du procès des emplois fictifs, en 2004, à l'issue duquel il sera condamné à quatorze mois de prison avec sursis et à un an d'inéligibilité. Il acceptera le verdict sans mot dire, meurtri comme peut l'être un homme ayant, à tort ou à raison, le sentiment de payer pour un autre et la conviction de voir sa carrière brisée. Jamais, pourtant, il ne chargera Chirac. Son attitude exemplaire nourrira d'ailleurs la culpabilité du président de la République, qui l'abreuvera par la suite de messages et de coups de téléphone. Posant systématiquement la question à ses interlocuteurs : « Vous avez vu Alain ? Comment va-t-il ? » Une manière comme une autre de soulager sa conscience.

Un dernier motif, moins connu, soude les deux hommes. Comme Laurence, l'une des filles d'Alain Juppé a traversé les affres de l'anorexie mentale, sans que toutefois la maladie prenne chez elle des proportions aussi alarmantes. Ces deux grands pudiques n'ont pas besoin d'en parler à chaque occasion, chacun sait ce que l'autre traverse ou a traversé, cela suffit.

Chirac et Juppé se sont donc trouvés et s'admirent mutuellement. L'un est estomaqué par le talent relationnel de l'autre, l'autre par l'intelligence de l'un. Le seul regret de Chirac, c'est de constater qu'en effet son protégé manque sacrément de souplesse. « Vous ne regardez pas suffisamment les gens dans les yeux. Vous ne prenez pas votre temps pour le faire. Il faut savoir prendre son temps », lui conseille-t-il[b]. Peine perdue. En 1997, après la débâcle de la dissolution, Juppé ne pense pas à téléphoner aux députés battus, quand Chirac, piteux mais attentionné, passe des heures à les consoler. Cela n'empêche pas l'ancien président de trouver des circonstances atténuantes à son chouchou. « En réalité, sous son aspect parfois rigide, Alain Juppé est un homme d'une profonde sensibilité et d'une extrême pudeur, qui répugne tout autant aux effusions faciles qu'à la moindre démagogie. Il se livre peu. C'est d'ailleurs un de nos traits communs et sans doute une des raisons de cette compréhension mutuelle qui ne s'est jamais démentie[b]. »

Entre eux, le lien est donc d'ordre filial, inaltérable, indéfectible. « Il est le fils que Chirac n'a pas eu », assure Pierre Mazeaud.

Les récriminations de Bernadette n'y pourront rien.

# 35

## « Si vous le permettez, c'est mon mari et non le vôtre »

Le 21 mars 1995. Un mois jour pour jour avant le premier tour de l'élection présidentielle, une réunion de crise est organisée en toute urgence dans le camp du candidat Chirac. *Le Monde* s'apprête à révéler le lendemain une affaire que personne n'a vu venir. Le journal du soir, qui roule à l'époque pour Édouard Balladur, va accuser à la une la femme du président du RPR de s'être enrichie de manière curieuse.

La famille Chodron de Courcel vient de vendre 103 hectares de terrains dans la commune de Vigneux-sur-Seine, près de Paris, pour 63 millions de francs. L'acheteur ? Un promoteur immobilier qui a revendu son acquisition l'après-midi même au Port autonome de Paris, une institution placée sous la tutelle de l'État, pour… 83 millions de francs. Rien d'illégal, en l'occurrence, mais cette plus-value de 20 millions de francs réalisée en une journée interroge. Au passage, la transaction a permis à l'épouse du candidat d'empocher près de 1,5 million de francs.

Au premier étage de l'hôtel de ville de Paris, dans le bureau de Bernadette Chirac, les mines sont graves. Le candidat n'est pas présent, mais il y a là sa femme, son frère Jérôme Chodron de Courcel, l'avocat Francis Szpiner, l'adjoint Roger Romani et Dominique de Villepin, qui prend l'affaire en main avant qu'un peu plus tard, Jean-François Legaret, conseiller de Paris qui siège en tant qu'élu au conseil du Port autonome, ne rejoigne la petite équipe. Le discours de Villepin est clair, il faut trouver la riposte, et vite. Sur le fond, sa démarche n'est pas illégitime – la pseudo-affaire, d'ailleurs, fera long feu. Mais, comme souvent avec lui, la forme est ahurissante. Pour commencer, il croit habile de sermonner l'intéressée : « Madame, votre famille n'aurait jamais dû agir ainsi. Cela pourrait remettre en cause l'élection de votre mari ! » C'est peu dire que « Madame » apprécie peu cette entrée en matière. Pourtant, elle n'a encore rien vu. Pour se forger une opinion, le futur secrétaire général de l'Élysée a besoin d'informations. Mais que l'on ne compte pas sur lui pour les solliciter respectueusement. Il ordonne, il enjoint, il exige. Et de quelle manière !

« Il me faut les papiers de votre famille, les actes de succession, les droits de propriété, les arbres généalogiques. Il me faut tout, et au plus vite. »

Un étudiant en première année de psychologie le comprendrait : l'affaire dont il est question n'est pas seulement politique, elle est aussi affective. On touche là au domaine privé de la future première dame, son honneur, ses biens personnels, le nom des Chodron de Courcel. Il faudrait aborder ce domaine sensible avec la délicatesse d'un archéologue sur un terrain de fouilles. Villepin opte pour la méthode d'Hannibal avec ses éléphants. Et s'enferre :

«Je les exige, madame ! »

Échec, bien sûr. Bernadette refuse résolument de confier à ce mufle les documents qu'il requiert avec tant d'impudence. «Elle s'est sentie agressée dans son intimité et a réagi comme une tigresse», témoigne l'un des participants[a].

Villepin a perdu là une formidable occasion de se faire valoir. Car, sur le fond, c'est à Sarkozy, soupçonné d'être à l'origine de l'affaire, que Bernadette aurait dû en vouloir à jamais. Les Chirac sont en effet persuadés que ce coup vient du bras droit de Balladur, qui occupe alors le très renseigné ministère du Budget, comme le confirme Pierre Mazeaud. «J'étais dans une petite mairie de ma circonscription de Haute-Savoie, quand Jacques m'a appelé pour me dire : "Tu ne sais pas ce que m'a fait Sarkozy ? Il vient de sortir une affaire concernant les terrains de Bernadette. C'est scandaleux. Il faut que tu réagisses[a] !" » Par sa seule maladresse, Villepin a donc réussi l'exploit de régler l'affaire politiquement en érigeant l'épouse de Chirac en ennemie à vie. Une sorte de Gaston Lagaffe de l'alchimie, capable de transformer l'or en plomb…

De ce jour date la haine – le mot n'est pas trop fort – qui régnera entre ces deux fortes personnalités.

Un proche collaborateur de l'ancien chef de l'État peut en témoigner. Alors qu'il vient de prendre ses fonctions, il croise l'influent secrétaire général, qu'il connaît bien, à l'occasion d'une réception de Vladimir Poutine. «Dans un nouvel emploi, je me fixe toujours deux ou trois objectifs, raconte-t-il, et, un peu naïvement, j'étais déterminé à réconcilier le secrétaire général avec l'épouse du Président. Au moment du départ du président russe, je suis donc allé vers Dominique et lui ai dit :

— Tu sais, Dominique, tu devrais peut-être faire la paix avec Bernadette.

Pour toute réponse, il m'a attrapé par la cravate et m'a hurlé dans les oreilles :

— Tu ne sais pas qui est cette femme ! C'est une méchante ! C'est une mauvaise ! Elle fait du mal au Président !

J'étais stupéfait. Et j'ai jugé bon de ne pas tenter la moindre démarche auprès de Mme Chirac[a]. »

Sage précaution car, de ce côté non plus, les sentiments ne sont pas moins éruptifs. D'autant que, depuis l'affaire des terrains Chodron de Courcel, Villepin a encore aggravé son cas en défendant avec ardeur la dissolution de l'Assemblée nationale et en participant activement à la relégation politique de la première dame.

Dès qu'elle le peut, Bernadette Chirac lui rappelle donc en quelle estime elle le tient. En l'an 2000, elle entre ainsi dans son bureau au moment où se rassemblent, comme tous les matins, les principaux collaborateurs de la présidence chiraquienne. Selon l'usage, tout le monde se tient debout, à l'exception du secrétaire général. À l'arrivée de l'épouse du chef de l'État, le silence se fait aussitôt. Silence qu'en comédienne éprouvée, Bernadette Chirac fait durer, volontairement théâtrale, le temps de poser son regard sur les différents membres de l'assistance. Enfin, elle déclare : « Vous avez tous des têtes bien pleines, mais vous ne savez pas ce qu'est le terrain ! Vous ne connaissez pas la France ! » Inutile de rappeler qu'elle-même est élue depuis vingt ans en Corrèze, chacun a compris l'allusion.

Une seule voix s'élève : « Moi, si, madame. Je suis aussi conseiller général. »

C'est Frédéric de Saint-Sernin, le « Monsieur Sondages » de l'Élysée, qui s'est permis d'intervenir. Timidement, cela dit, car il est dans le civil le cousin germain de Dominique de Villepin – ce qui, il le sait, est en soi une faute professionnelle.

« Ah, c'est vrai, monsieur de Saint-Sernin », reconnaît toutefois la première dame – manière de confirmer son jugement à l'égard de tous les autres, à commencer par le secrétaire général.

Et de tourner les talons.

Chez l'un comme chez l'autre, cela tourne à la fixette. En Corrèze, Bernadette apprend qu'un préfet aurait des accès de villepinisme ? Elle exige – et obtient – sa mutation. On l'informe qu'un recteur a décidé de quitter le Limousin pour rallier ce bellâtre à la crinière blanche ? Elle lui téléphone dès son arrivée à Paris et lui intime l'ordre de reprendre le premier train pour Limoges. Un collaborateur du Président décide de s'engager auprès de celui que son mari – horreur ! – a nommé Premier ministre en 2005 ? Elle l'admoneste sur-le-champ : « Il est nul, il va dans le mur, vous perdez votre temps ! » Ce en quoi, l'avenir le prouvera, elle n'a pas tout à fait tort…

Entre ces deux-là, seul l'intérêt supérieur de Jacques Chirac parvient à arracher des armistices (très) temporaires. Lors des municipales de 2001, par exemple, ils délaissent de concert Jean Tiberi, victime expiatoire idéale, au profit de Philippe Séguin. C'est aussi pour préserver son époux que, la même année, dans son livre *Conversation*, Bernadette se garde bien d'exprimer ce qu'elle pense de l'impossible secrétaire général. « Je n'ai jamais rien déclaré sur Dominique de Villepin, si ce n'est pour souligner son brio et son intelligence », ose-t-elle écrire sur un ton digne de la *Pravda* de la grande époque. « Cette formule a été rédigée par son principal collaborateur, Bernard Niquet. Tout était prêt, il n'a même pas été besoin de le réécrire », raconte un témoin[a].

Pour le reste, la guerre est incessante. Lui la salue à peine lorsqu'il la croise dans les couloirs de l'Élysée. Elle ne l'appelle plus que « Néron », un surnom trouvé par Stanislas Pierret, le directeur de l'Association culturelle du Pont-Neuf, spécialisée dans les échanges avec les pays de l'ex-Europe de l'Est, qu'elle préside. L'appellation l'a fait beaucoup rire ; elle l'a retenue avant d'en assurer la publicité.

Pour l'entourage, c'est l'horreur. Chacun déploie des trésors d'imagination pour éviter la présence des deux ennemis dans le même lieu.

En 2003, Bernard Murat a pour mission de persuader Dominique de Villepin de se déplacer à la Foire du livre de Brive-la-Gaillarde pour recevoir le prix qui lui a été décerné. Par chance, il le connaît de longue date. Mais il y a un hic, la première dame sera aussi présente…

« Allô Dominique ? Félicitations ! J'ai le plaisir de t'annoncer que tu viens de recevoir le prix de la Langue française.

— Merci Bernard, c'est un honneur.

— La tradition veut que tu viennes recueillir ta récompense en personne. Cela te serait-il possible ?

— Bien sûr. Quand la cérémonie est-elle prévue ?

— D'habitude, le vendredi, mais je te suggérerais plutôt de venir samedi.

— J'imagine qu'il s'agit d'éviter Bernadette Chirac ?

— Tu as tout compris[a]... »

Un sommet est atteint lorsque Villepin apprend que Bernadette Chirac s'apprête à publier son fameux livre rédigé avec Patrick de Carolis. Il est dans tous ses états car, évidemment, la première dame a évité de lui donner la moindre information. Lors d'une réunion – tardive – consacrée à ce sujet délicat, il laisse éclater sa colère :

— Vous allez causer du tort au Président !

Réponse du tac au tac de Bernadette :

— Si vous le permettez, c'est mon mari et non le vôtre.

Ledit mari, en l'occurrence, ne prend pas vraiment la défense de son épouse. Oh, il veut bien l'admettre, son secrétaire général appartient à cette race curieuse de diplomates qui n'ont pas le moindre sens de la diplomatie. Mais, pour des raisons obscures, le Président l'apprécie au-delà du raisonnable, comme l'illustrent les louanges qu'il lui réserve dans ses Mémoires[b] : « mon meilleur chef de commando », « poète à ses heures », doté de « souffle », de « panache », d'« ardeur », d'une « haute idée de la France »... On en passe, et de plus outrées.

Chirac le complexé admire chez son secrétaire général ce qu'il n'a pas, à commencer par son éloquence. Pour exprimer la moindre banalité, le Président a besoin de faire écrire ses discours et de passer des heures à corriger la moindre virgule. Villepin, lui, improvise des tirades enflammées sur n'importe quel sujet, convoquant comme à la parade les grands noms de l'Histoire et de la littérature.

Entouré de courtisans, Chirac apprécie aussi la capacité de cet homme à dire franchement ce qu'il pense. Après tout, il est, avec Bernadette et Claude, l'un des rares à oser lui dire non – sans toujours y mettre les formes, il est vrai. C'est d'ailleurs ainsi qu'il a repéré ce jeune diplomate à la mairie de Paris, au début des années 1980. Intrépide, le conseiller n'avait pas hésité à recommander à son patron d'annuler un discours de politique étrangère. « Il me le renvoya flanqué d'un commentaire où il m'expliquait, en bref, que je risquais, en le prononçant, de passer pour un "zozo" sur la scène internationale, relate l'ancien chef de l'État dans ses Mémoires. Je le convoquai aussitôt pour lui dire que c'était de collaborateurs de son genre que j'avais le plus besoin[b]. »

Surtout, Villepin le rassure, à sa manière. C'est lui qui l'informe le premier de l'enquête lancée sur ses éventuels comptes secrets au Japon ; lui qui gère les mille et une affaires liées à la mairie de Paris, notamment lorsque le Président est convoqué par le juge Halphen en qualité de témoin[c] ; lui qui se charge de « nucléariser » Sarkozy.

Expert en manipulation, cet admirateur de Fouché invente au besoin des périls imaginaires qu'il prétend contenir. « De temps à autre, se souvient un proche conseiller de l'ancien président[a], il entrait dans le bureau de Chirac en criant à propos d'un sujet ou d'un autre : “Il y a le feu !”, avant d'ajouter aussitôt : “Mais ne vous inquiétez pas, je m'occupe de l'éteindre.” » D'ordinaire, le rôle d'un collaborateur efficace consiste à régler les difficultés avant même que son patron n'en apprenne l'existence. Villepin, lui, semble sorti major de l'école des pompiers pyromanes. Il amplifie les problèmes, quand il ne les crée pas à dessein, dans le seul but de se rendre indispensable.

Le stratagème fonctionne à merveille, au demeurant. Le Président ne veut plus se passer de ce Villepin si brillant et si rassérénant. La preuve : en 1997, il refuse d'en faire le bouc émissaire de la dissolution, malgré les assauts de Bernadette, malgré l'hallali sonné dans la presse, malgré les espoirs de l'infinie cohorte de ceux qu'il a humiliés.

Chirac le laisse aussi se débarrasser de tous ceux qui pourraient lui faire de l'ombre, tel Jean-Eudes Rabut. Chirac l'avait pourtant juré à son ancien chef de cabinet à la mairie de Paris : « À l'Élysée, vous occuperez les mêmes fonctions. » Mais les choses ne se passeront pas du tout ainsi, Villepin oblige.

En 1995, au lendemain du second tour de l'élection présidentielle, Rabut rencontre Chirac dans le bureau du nouveau chef de l'État et lui demande.

— Comment fait-on ?

— Allez voir Villepin au quai d'Orsay, répond Chirac, renvoyant le quémandeur vers celui qui est encore le directeur de cabinet d'Alain Juppé au ministère des Affaires étrangères.

Celui-ci ne prend pas de gants et lui assène tout de go : « On n'a pas besoin de toi ! »

De retour à l'Élysée, Rabut aura la demi-surprise de voir Chirac lui indiquer piteusement : «Que voulez-vous? Ce n'est pas moi qui décide.» Avant d'ajouter, retrouvant ses vieux réflexes clientélistes : «Mais demandez-moi ce que vous voulez. Je ferai le maximum.» Moyennant quoi il «oubliera» de convier Rabut à sa cérémonie d'investiture... Quant à Jean-Eudes Rabut, il ne lui demandera jamais rien.

Avec la complicité du Président, Villepin gère enfin «le cas» Bernadette. Quand le chef de l'État éprouve le besoin de «respirer», le secrétaire général s'organise pour l'envoyer en Corrèze. Variante : il lui dissimule l'agenda de son mari pour éviter qu'elle l'accompagne lors de voyages officiels. Si ces deux-là n'avaient pas en leur possession les secrets du code nucléaire, on croirait parfois de grands enfants...

L'influence de Villepin auprès de Chirac connaîtra son acmé en 2005, lorsqu'il deviendra Premier ministre. L'homme est alors auréolé de son discours à l'ONU contre l'intervention américaine en Irak. Il est surtout, aux yeux du vieux président, le seul à même d'empêcher Sarkozy de lui succéder.

## 36

## « Jacques, vous devriez nommer Nicolas Premier ministre »

À la fin de l'année 1999, la situation de Nicolas Sarkozy n'est pas des plus brillantes. Aux élections européennes du mois de juin, la liste qu'il conduisait a obtenu un score désastreux. Quant à son image auprès des Français, elle est au plus bas : depuis son ralliement spectaculaire à Édouard Balladur, il incarne la figure du traître en politique. S'il ne veut pas qu'à quarante-quatre ans son avenir politique soit derrière lui, il lui faut vraiment renouer avec le chef de l'État. Mais comment faire ? Le Président ne veut plus entendre prononcer son nom. Et les ponts sont coupés avec Claude, à laquelle il fut très lié.

Sarkozy, pourtant, ne s'avoue pas vaincu. Pas son genre. Malin comme un singe, il sait que si, dans le clan Chirac, une seule porte a une chance de s'entrebâiller, c'est celle de Bernadette. Encore faut-il arriver à la pousser et, pour cela, il a sa petite idée.

Un jour, il s'ouvre de son projet à Christine Albanel, la plume du Président, qu'il voit de temps en temps[a].

— Sais-tu si Bernadette m'en veut toujours ? J'aimerais la rencontrer. C'est important pour moi. Dis-lui que je la considère comme une femme de valeur, une femme politique, et que j'apprécie ses positions.

Quelque temps plus tard, à l'Élysée, la future ministre de la Culture se trouve dans le bureau de Bernard Niquet quand la première dame, selon son habitude, entre à l'improviste et s'assoit pour bavarder.

Christine Albanel parvient à évoquer la requête de l'ancien lieutenant de Balladur. Bernadette Chirac se montre d'emblée très réticente :

— Mais enfin, après tout ce qu'il nous a fait, donnez-moi une raison pour laquelle je devrais revoir M. Sarkozy ?

— Tout simplement parce qu'il est peut-être le seul à vous considérer comme une véritable femme politique.

Subitement, le ton change.

— C'est vrai ? Il a dit cela ?

Sarkozy est-il sincère ou hypocrite ? Lui seul le sait. En tout cas, Bernadette est ferrée. Et si Sarkozy l'aidait à sortir de la marginalisation que son mari et sa fille lui font subir depuis 1995 ? Ainsi s'amorce le retour en grâce du maire de Neuilly auprès de la première dame.

La partie, pourtant, était mal engagée. C'est lui, on l'a vu, que le clan Chirac soupçonne d'avoir révélé en 1994 l'affaire des terrains de la famille Chodron de Courcel. C'est lui que vise l'ancien président dans ses Mémoires lorsqu'il écrit : «Il m'a toujours manqué la preuve qu'elle [cette affaire] avait été initiée par le ministre du Budget [NdA : le poste occupé par Nicolas Sarkozy], comme on me l'assurait. Mais cette affaire montée de toutes pièces ne paraissait évidemment pas étrangère à la campagne présidentielle [...]. Visant ma belle-famille, et moi-même par voie de conséquence, elle n'avait pas d'autre objectif que de salir la réputation d'un concurrent[b].»

Son épouse, au plus fort de la guerre Chirac-Balladur, partage le sentiment de son conjoint. Elle peste contre ce «traître», ce «félon». Selon les témoins de l'époque, elle use même à son égard d'un vocabulaire d'une rare violence : «Ce petit monsieur peut serrer les fesses. Je les lui botterai tant et si bien qu'il n'en aura plus[c] !» Jean-François Legaret, l'actuel maire (Les Républicains) du I^er^ arrondissement, se souvient lui aussi d'une cérémonie organisée en 1995 pour le départ officiel de Jacques Chirac de l'Hôtel de Ville. «Lors du buffet qui a suivi, elle m'a confié : "Je ne le lui pardonnerai jamais, et je vais vous dire pourquoi : ma mère a failli en mourir[a] !"»

Pourquoi, alors, accepter de renouer avec lui quelques années plus tard ? La flatterie a joué son rôle, sans doute, mais l'essentiel n'est pas là. L'essentiel, c'est que la première dame, contrairement à son mari dans le cas présent, raisonne avec sang-froid. Or, pour elle, la situation est on ne peut plus claire, le chef de l'État a besoin du maire de Neuilly. Elle ne l'aime pas, elle n'oublie rien, mais l'intérêt commande. À ceux qui s'étonnent de son apparente mansuétude, elle réplique : «Il nous a mis un coup de poignard dans le dos, mais il faut savoir si l'on veut faire gagner son camp. »

Fin 1999, en effet, Lionel Jospin apparaît comme le grand favori de la prochaine présidentielle. Et face à son équipe, composée de Martine Aubry et de Dominique Strauss-Kahn, Bernadette Chirac trouve la droite bien dépourvue de talents. Juppé est discrédité par son échec à Matignon ; Séguin est entré dans une spirale autodestructrice ; Madelin a été renvoyé du ministère de l'Économie quelques mois après y être entré ; la nouvelle présidente du RPR, Michèle Alliot-Marie, n'est pas au niveau… Qu'on le veuille ou non, et même si cela ne lui fait pas plaisir, il n'y a que Sarkozy. Si son conjoint veut être réélu pour un second mandat, il faut en passer par lui.

Son époux n'est pas capable de pardonner ? Sa fille non plus ? Bernadette sera donc la plus politique des trois : elle perçoit mieux l'intérêt de Chirac que lui-même, prisonnier de son ressentiment. Et l'on voit là ce qu'elle lui apporte. Elle n'est ni une groupie, ni une affidée, ni une béni-oui-oui. Quand elle l'approuve, ce n'est pas pour le flatter. Quand elle conteste son avis, ce n'est pas pour le déstabiliser. Elle n'est ni une courtisane ni une ennemie. Elle lui dit ce qu'elle pense, avec franchise et désintéressement. C'est pourquoi elle lui est si précieuse.

Alors, avec détermination, elle s'ouvre du cas Sarkozy auprès de son époux. Selon sa méthode éprouvée, elle tente de lui parler dans la salle de bains, au petit matin. « Ce n'est pas une question de lieu, mais de moment. Mon mari n'est pas un homme du soir, explique-t-elle. Mon beau-père était ainsi, ma belle-mère m'avait prévenue : “Jacques est comme François. Le soir, si vous avez quelque chose à lui dire, gardez-le pour vous, mais le matin, allez-y !” C'est ce que je fais, entre deux radios allumées[d]. » Las, cette fois, le stratagème échoue. Au fond de lui, Chirac sait que sa femme a raison. Sa démarche l'arrange même, d'une certaine manière, mais il ne peut pas passer l'éponge. C'est physique, il est bloqué.

Comme souvent en pareil cas, il entre une part de psychologie dans cette paralysie. « Sarkozy a eu deux pères dans sa carrière : Pasqua et Chirac, rappelle Bernard Bled. Est-ce un hasard s'il a tué le premier en lui ravissant la mairie de Neuilly et s'il a tenté d'en faire de même avec le second lors de la présidentielle de 1995 ? Évidemment pas, surtout quand on connaît la relation difficile qu'il a entretenue avec son père biologique[a]. »

De fait, Sarkozy, davantage encore que Juppé, aurait pu être le véritable fils spirituel de Chirac. Lui seul a son ressort, son dynamisme, son talent, son culot. Mais justement. C'est pour cette raison que l'ancien président ne saurait absoudre sa trahison. À la limite, tout le monde avait le droit de le quitter pour rejoindre Balladur, mais pas lui. Et puis, il y a sa fille. « En 1995, Sarkozy n'a pas seulement trahi Jacques ; il a aussi trahi Claude, qui en a beaucoup souffert, rappelle Pierre Mazeaud. Son père ne le lui a pas pardonné[a]. » Les deux jeunes gens ont-ils eu, comme la rumeur le veut, une liaison au début des années 1990 ? Ils l'ont l'un comme l'autre démenti. Quoi qu'il en soit, ils ont été suffisamment proches pour que le ralliement du maire de Neuilly à Balladur revête pour Claude une dimension affective.

À tout cela s'ajoute l'horloge biologique : à travers cette ambition forcenée que Sarkozy ne prend même pas la peine de cacher, c'est sa mort politique que Chirac entrevoit. Et sa femme voudrait qu'il renoue avec cet individu ? Jamais !

Elle persiste, pourtant.

« Jacques, vous devriez nommer Nicolas Premier ministre. Il est le meilleur. »

À plusieurs reprises, elle suggère son nom pour Matignon. Chaque fois, il s'y refuse. En 2002. En 2004. En 2005. Toujours, cet anxieux opte pour des hommes qui le rassurent – Jean-Pierre Raffarin, d'abord ; Dominique de Villepin, ensuite. Toujours, il trouve des raisons pour repousser ce que l'évidence politique lui impose. « Le risque serait de me retrouver confronté à un chef de gouvernement prompt à affirmer son autonomie, voire à me disputer mes propres prérogatives, sans s'interdire de paraître déjà briguer ma succession [...], argumente l'ancien président dans ses Mémoires. Il subsiste trop de zones d'ombre et de malentendus entre Nicolas Sarkozy et moi[b]. »

Bernadette change alors de tactique. Son conjoint ne veut pas entendre raison ? Elle va donc afficher publiquement son alliance avec le paria. « Heureusement qu'on vous a ! » lui déclare-t-elle lors d'une réunion publique à Tulle en mars 2004. « J'ai besoin de vous », répond celui qui vient à l'époque de s'emparer de l'UMP

Rien n'y fait. Au contraire. Le 14 juillet 2004, Jacques Chirac lance à propos de son vibrionnant ministre de l'Économie une phrase restée célèbre : « Il n'y a pas de différend entre le ministre des Finances et moi, pour une raison simple, c'est que […] je décide et il exécute. »

Le lendemain, Bernadette décroche son téléphone et appelle Nicolas Sarkozy.

— J'aimerais que vous passiez me voir à l'Élysée.

— Non. Je pense trop de mal de votre mari en ce moment[e].

Mais elle insiste et obtient gain de cause.

Lors du rendez-vous, la première dame lui suggère de ne plus provoquer inutilement le chef de l'État, comme il l'a fait encore en janvier en se demandant à propos des sumos comment on pouvait « être fasciné par ces combats de types obèses aux chignons gominés ». « Les Français veulent que Jacques Chirac et vous travailliez ensemble ! » assène-t-elle. Pas dupe, le président de l'UMP l'écoute, ne ferme aucune porte, mais s'interroge : Bernadette Chirac souhaite-t-elle vraiment son bien ? Il aimerait en être sûr. En le poussant vers Matignon, ne cherche-t-elle pas plutôt à l'éliminer de la course, afin de permettre à son époux de postuler à un troisième mandat ?

Si ces deux-là se méfient l'un de l'autre, ils poursuivent néanmoins leur alliance de raison. D'autant qu'un autre sujet préoccupe Bernadette Chirac, les juges qui, sans cesse, menacent son conjoint en raison de ses agissements passés à la mairie de Paris. Pour l'instant, le chef de l'État est avantageusement protégé par son immunité présidentielle, mais demain, lorsqu'il aura quitté le pouvoir ? « Elle a vu dans

Sarkozy une assurance contre les affaires après 2007 », assure Bernard Bled[a]. « Elle s'était persuadée que le Président pouvait protéger son mari du tribunal », confirme Béatrice Gurrey[f].

De son côté, Sarkozy a enfin compris, jamais Chirac ne le nommera Premier ministre. Mais il a tout de même besoin de Bernadette. À la veille d'une présidentielle à laquelle il est déterminé à se présenter, la première dame constitue un atout précieux. Face à la détestation de Jacques et de Claude, seul son soutien lui permet de ne pas apparaître rejeté par tous les Chirac.

Alors, il la bichonne. Le 17 mai 2005, lors d'une réunion publique à Brive-la-Gaillarde, il lui rend un vibrant hommage en la qualifiant de « bonne fée ». « Depuis 2002, dit-il, il y a eu des moments un peu plus complexes que d'autres, mais dans ces moments-là, il y a une personne qui m'a tendu la main, qui m'a écouté, m'a respecté. C'était vous, madame. Et si les choses n'ont jamais dépassé l'irrémédiable, c'est parce qu'il y avait une bonne fée qui veillait pour que ça ne dépasse pas les limites de la liberté et du respect. » De fait, il révélera en 2016 qu'il leur est arrivé à cette époque de se rencontrer en cachette : « Elle m'a toujours soutenu, même quand son mari et moi on s'opposait [...]. On se retrouvait chez un ami à elle. J'arrivais et personne ne le savait[g]. »

Une fois élu, Sarkozy veille à consolider cette alliance. Cela passe par de petites attentions. « Au moment de la passation de pouvoir, en 2007, Bernadette, comme souvent, était en retard, se souvient un observateur. Elle a eu besoin d'une journée supplémentaire pour débarrasser l'Élysée. Il la lui a accordée sans difficulté[a]. » Cela passe aussi par de gros chèques, lorsque le nouveau chef de l'État accepte sans barguigner que son parti, l'UMP, paie l'essentiel de l'amende que les Chirac doivent rembourser à la mairie de Paris au titre des emplois fictifs.

L'une des illustrations les plus extraordinaires de cet étrange assemblage a lieu à la Maison de Solenn, le 18 mars 2009. Ce jour-là, Nicolas Sarkozy remet la Légion d'honneur à Bernadette Chirac, au titre de son engagement caritatif. Elle ne boude pas son plaisir. Son mari, lui, lui avait toujours refusé cette distinction, comme le rappelle Laurence Reculet[a].

« Avant que Jacques Chirac n'entre à l'Élysée, se souvient-elle, Charles Pasqua lui avait suggéré :

— Ce serait bien que Bernadette ait la Légion d'honneur.

Ce à quoi le maire de Paris s'était contenté de répondre en haussant les épaules :

— N'importe quoi ! »

En 2009, c'est donc Sarkozy qui exauce le vœu de Bernadette Chirac, qui « d'un chagrin personnel a fait un combat collectif ». Dans la salle, on remarque sa fille Claude, son petit-fils Martin, le Premier ministre François Fillon et une ribambelle d'élus. Jacques Chirac, debout à la tribune, est visiblement mécontent, mais il fait appel à tout son professionnalisme pour ne pas le montrer.

Sarkozy, de son côté, semble décidé à prendre tout son temps. Il brode. Plaisante. Disserte, parfois de manière aventureuse. « Vous prouvez qu'on peut aimer quelqu'un et se réaliser soi-même », assure-t-il.

Et encore : « Vous vous êtes fait un prénom. Ce n'était pas évident avec Jacques ! Vous n'êtes pas réductible à votre mari. »

Bientôt, il entame un dialogue étonnant et visiblement improvisé avec l'ancienne première dame :

« Je me demande parfois, dit le président en titre, qui est le plus énergique des deux, enfin, je ne parle pas de vous et moi !

— Oh, on n'est pas mal tous les trois, répond-elle.

Alors, Sarkozy ose :

— Oui. On pourrait faire une même famille… »

Surréaliste.

Dans les années qui suivront, jamais ce jeu de rôles ne cessera. Jamais Bernadette ne faiblira dans son soutien public. Jamais Nicolas Sarkozy n'abandonnera l'ancienne première dame – allant jusqu'à se recueillir avec elle auprès de Laurence après son décès. Jamais Jacques Chirac ne lui pardonnera, allant jusqu'à écrire dans le second tome de ses Mémoires – mûrement relus – parus en 2011, à propos d'une rencontre survenue peu après la présidentielle de 1995 : « Je retrouve Nicolas Sarkozy tel que je l'ai connu quelques années auparavant : nerveux, impétueux, débordant d'ambition, ne doutant de rien et surtout pas de lui-même. » Il ajoute, un peu plus loin, à propos de la première déclaration de Nicolas Sarkozy, le soir de son élection à l'Élysée, le 6 mai 2007 : « Chacun de nous écoute avec la plus grande attention chaque phrase, chaque mot qu'il prononce, guettant secrètement le moment où il citera sans doute le nom de celui auquel il s'apprête à succéder, ou même le remerciera du soutien qu'il lui a apporté. Mais ce moment ne viendra jamais

[...]. Au fond de moi, je suis touché. Je sais désormais à quoi m'en tenir. »

Même chez les grands fauves de la politique, il est des blessures qui ne cicatrisent pas.

# 37

## « Il faut voter Hollande ! C'est mon copain »

La Séniorie est un très bel hôtel qui surplombe le bourg de Corrèze. C'est là qu'aiment descendre les Chirac lorsqu'ils n'ont pas le temps ou l'envie de loger dans leur château de Bity, tout proche. Pourtant, en ce 11 juin 2011, quand elle pénètre dans le hall de ce quatre-étoiles qu'elle apprécie tant, Bernadette Chirac est visiblement furieuse. À peine arrivée, elle apostrophe son époux.

« Vous dites n'importe quoi ! »

L'objet de son courroux n'a rien de secret : il défile sans interruption sur les bandeaux de BFM TV, la chaîne qui s'affiche sur la grande télévision située près du bar. « Présidentielle : Chirac soutient Hollande. » À moins de un an du premier tour, évidemment, la nouvelle fait sensation. Mais Jacques Chirac se moque bien de la contrariété de sa femme. Au contraire, il se tourne vers le personnel et rétorque à haute voix pour qu'on l'entende distinctement :

« Non, non. Je vous le dis, il faut voter François Hollande ! C'est mon copain. »

Cette scène constitue l'épilogue d'une journée un peu folle commencée dans ce même hôtel en début de matinée, alors que l'ancien chef de l'État prend son petit déjeuner. Ce printemps-là, les Chirac sont venus en Corrèze pour assister à l'inauguration de l'exposition temporaire qui animera le musée du Président, à Sarran : « Chine de bronze et d'or ».

Hugues Renson, l'un de ses proches collaborateurs, le prévient :

— Il y a énormément de monde, et notamment beaucoup de journalistes.

— Ils s'intéressent tant que cela à cette exposition ? interroge Chirac, faussement naïf.

— Ce qui les intéresse surtout, c'est que Hollande sera là, en tant que président du conseil général. Et comme vous venez de lui adresser des compliments dans votre livre, ils veulent des images.

Dans le deuxième tome de ses Mémoires, dont les bonnes feuilles viennent de sortir dans le quotidien *Le Monde*, Chirac a en effet décidé d'écrire, à propos du vote à la quasi-unanimité de la loi restreignant le port de signes religieux à l'école : « Ce consensus n'aurait pu être obtenu sans l'attitude responsable du parti socialiste et celle, exemplaire, de son premier secrétaire, François Hollande, qui s'est comporté ce jour-là en véritable homme d'État. » La phrase, on l'imagine, a été pesée, réfléchie, ciselée. Deux jours auparavant, à l'occasion d'un entretien accordé au journaliste du *Figaro* Philippe Goulliaud, l'un de ceux qui le connaissent le mieux, il l'a parfaitement assumée. Pourquoi cet éloge au candidat du PS à la présidentielle alors que, dans le même temps, Nicolas Sarkozy a droit à de multiples piques ? La réponse de Chirac a été aussi immédiate que sincère : « Parce que je le pense ! »

Chirac sait bien qu'autour de lui son soutien à Hollande n'est pas apprécié de tous. « Pour l'élection présidentielle de 2012, on voulait faire croire que Chirac allait voter Sarkozy, alors qu'il ne cessait de clamer le contraire », confirme Jean-Luc Barré, l'historien qui, précisément, l'a aidé à rédiger ses Mémoires. Alors, puisque, à Sarran, les journalistes sont présents en nombre, il est résolu à confirmer publiquement son choix.

Ce 11 juin 2011, le vieil acteur attaque d'emblée. Lorsque Hollande vient l'accueillir à la descente de sa voiture, il ne se contente pas de lui serrer la main, il lui donne une chaleureuse accolade ! Peu après vient l'heure des discours. L'un des membres de la délégation chinoise prend la parole :

— Monsieur le Président, madame Chirac, chers amis, nous sommes très heureux de…

Chirac l'interrompt aussitôt :

— Vous avez oublié de saluer le président Hollande !

Vient l'heure du déjeuner. L'ancien chef de l'État appelle l'un des collaborateurs et lui précise :

« Il faut qu'on offre un livre à Hollande. »

Le geste est symbolique, d'autant qu'il l'assortit d'une dédicace très chaleureuse.

Le repas terminé, les deux hommes sortent ensemble du restaurant, avant que Hollande ne s'isole quelques secondes pour appeler sa compagne, Valérie Trierweiler. Quand il revient, l'ancien chef de l'État lui lance, à la Chirac, afin de bien marquer leur connivence : « Eh bien, tu es allé pisser ? »

À ce moment arrive la scène qui fera le tour des télévisions. Alors que son épouse se trouve un peu distancée, Chirac, entouré par Hollande, à sa gauche, et par Stéphane Martin, le directeur du musée du Quai Branly, à sa droite, affirme à ce dernier :

— Moi, j'ai beaucoup d'estime pour François.

Voulant croire à une maladresse, ses collaborateurs lui montrent les perches des micros et les caméras de télévision. Mais Chirac, plus de quarante ans de métier au compteur, les a parfaitement repérées. Aussi continue-t-il :

— Le passé, c'est le passé, mais lui, c'est l'avenir parce qu'il va être candidat. Et je voterai pour lui.

Hollande éclate de rire, et Chirac en rajoute :

— Certainement ! Sauf si Juppé est là. Mais comme il n'ira pas, par conséquent je voterai pour vous.

À son tour, Hollande lui montre les équipes de télévision.

— Vous allez vous faire entendre !

C'est précisément ce que cherche l'ancien président :

— Je peux dire que je voterai Hollande !

Claude, absente, est aussitôt prévenue par téléphone. « Cela s'est su ? » demande-t-elle, inquiète. Elle n'imagine pas à quel point. Sur BFM TV, comme dans tous les autres médias, c'est LE titre de la journée.

En apprenant la nouvelle, Nicolas Sarkozy fulmine. Il faut rattraper le coup. Bernadette et Claude se rendront à l'Élysée pour présenter leurs excuses. « J'ai trouvé que c'était la moindre des choses d'aller voir

Sarkozy, parce que c'était quand même raide », expliquera la fille de l'ancien président[a]. Dès le lendemain, une déclaration est publiée sous l'égide de Claude et de son mari, Frédéric Salat-Baroux. Officiellement, Jacques Chirac y déplore qu'on ait pu interpréter ses propos de la veille comme un soutien à François Hollande. Il ne s'agissait que « d'humour corrézien entre républicains qui se connaissent de longue date », lui fait écrire sa fille, que l'on a connue meilleure communicante. Quant aux vrais chiraquiens, ils sont meurtris, considérant que la femme, la fille et le gendre d'un vieil homme profitent de sa faiblesse pour travestir sa pensée !

Car ce n'est un secret pour personne, Hollande et Chirac sont réellement proches. Certes, ils ont fait carrière dans des camps opposés, mais au fond le socialiste n'est pas très loin de la droite, et l'ancien chef de l'État pas très loin de la gauche. Les deux hommes partagent la même conviction profonde – la société est trop fragile pour être brusquée – et le même goût pour le compromis – qui confine parfois à l'absence de décision. En réalité, ce sont deux « rad-soc » dans l'âme, même si parfois, pour rassurer les militants, ils font mine de tenir des discours engagés…

Il faut compter aussi, chez François Hollande, sur une réelle admiration pour le savoir-faire de Jacques Chirac, qu'il côtoie depuis trente ans. Il l'a affronté directement lors des législatives de 1981, à Ussel, avant de se replier prudemment sur Tulle, ancrée à gauche, où ses chances de victoire étaient bien meilleures. Pendant des années, il n'a cessé d'observer le président du RPR, au point de finalement l'imiter.

« Sur les marchés, il est vraiment semblable à Chirac, témoignent Georges et Ginette Delord, qui ont longtemps tenu le Limouzi, un hôtel qu'ont fréquenté les deux hommes lors de leurs séjours dans la préfecture de Corrèze. Il est capable d'embrasser une femme qu'il ne connaît absolument pas tout en disant bonjour de la main à quelqu'un d'autre et de parler à un troisième. Nous le lui avons dit, d'ailleurs, l'autre jour : "Dis-donc, tu as bien appris de Jacques Chirac." Il nous a répondu : "Eh oui… Il savait faire[b] !" »

Après son accession à l'Élysée, en 2012, Hollande n'a cessé de multiplier les attentions à l'égard de son prédécesseur. Lui rendant visite chaque été lorsqu'il était présent à Bity. Se présentant personnellement à son domicile pour prendre de ses nouvelles lorsque la maladie l'a affaibli. Donnant son accord à sa ministre Aurélie Filippetti, lorsque celle-ci a proposé de lui organiser une visite privée au sein du département des Arts de l'Islam au Louvre. Ces deux-là, visiblement, se sont trouvés et reconnus.

Hollande, en revanche, n'a jamais eu d'atomes crochus avec Bernadette Chirac, qu'il a toujours considérée – à juste titre – comme une vraie femme de droite. Même si, manœuvrier en diable, il a su la ménager quand il en a eu besoin, notamment en Corrèze…

38

## « Hollande ne veut pas que la gauche se fâche avec Bernadette »

En 2008, François Hollande s'installe à la présidence du département, qu'il vient de ravir à la droite. Forcément, la conseillère générale du canton de Corrèze se tourmente. Voilà des années qu'elle obtient à peu près ce qu'elle veut de cette institution. Et si cette époque bénie venait à prendre fin ? Elle sera bien vite rassurée, le nouveau patron n'a pas l'intention de la contrarier. Il va même la choyer.

La raison de ce traitement de faveur est simple à comprendre. En 2008, Hollande continue d'avoir pour seul objectif d'entrer en 2012 à l'Élysée. Pour cela, toute défaite locale lui est interdite, elle l'empêcherait tout simplement d'être candidat à la présidentielle. Or, de très incertaines élections cantonales sont prévues en 2011. À cette occasion, toutes les voix lui seront précieuses, y compris celles des électeurs chiraquiens. Pas question de les braquer en faisant du tort à Bernadette.

Pour complaire à l'ancienne première dame, Hollande a donc décidé de déployer tout son talent, et le bougre en a, quand il le veut. Le patron du parti socialiste ne se contente pas de lui affecter une voiture du conseil général pour ses déplacements. Il accorde également des crédits au très contesté village de vacances des Monédières qu'elle a créé dans son canton. Il préserve aussi l'exposition que Bernadette organise elle-même chaque été au cœur du superbe château Renaissance de Sédières. Il vient même sur place en personne, alors que, de l'avis général, il ne connaît rien aux beaux-arts. « Il circulait rapidement d'une œuvre à l'autre en lâchant de temps en temps "C'est beau" », se souvient avec amusement l'une des personnes présentes[a]. Mais son objectif est atteint : Bernadette Chirac, elle, apprécie la démarche. « Ce n'est pas Dupont qui aurait fait cela », lance-t-elle avec perfidie à propos du prédécesseur de Hollande.

Toutefois, il le sait, c'est avec le musée du Président-Jacques-Chirac que tout va se jouer. L'épouse du chef de l'État a eu très tôt l'idée de cet établissement destiné à rassembler les cadeaux offerts à son mari. Dès son élection, en 1995, elle s'est rendue à Château-Chinon pour scruter son équivalent mitterrandien et concevoir son homologue limousin. Depuis, c'est « son » dossier. Elle y tient comme à la prunelle de ses yeux. Et elle a bien sûr imposé sa localisation à Sarran – la commune où se situe le château de Bity.

Léger problème, depuis son ouverture, en 2000, le musée s'est transformé en un véritable gouffre financier. Non seulement sa réalisation a coûté une somme rondelette (plus de 16 millions d'euros), mais son fonctionnement ressemble à un puits sans fond. En 2008, il a enregistré 200 000 euros de recettes contre… 1,7 million d'euros de dépenses. La situation alarme la chambre régionale des comptes du Limousin. Selon ses calculs, chaque visiteur coûte au contribuable corrézien la bagatelle de 30 euros ! Dans le département le plus endetté de France, de nombreuses personnalités estiment qu'il est temps d'arrêter la plaisanterie. Et ne doutent pas que François Hollande, porté par l'alternance, va mettre un terme à cette gabegie.

Ils ne vont pas tarder à comprendre leur erreur.

«En 2008, j'étais vice-présidente du conseil régional du Limousin chargée de la culture, quand une demande d'aides pour l'agrandissement du musée de Sarran a été examinée, raconte la socialiste Martine Leclerc, qui fut également maire d'Ussel. Évidemment, j'y étais totalement opposée. La première tranche était déjà déficitaire[a] ! »

Martine Leclerc s'entretient du sujet avec le patron de la Région, le socialiste Jean-Paul Denanot. Las, celui-ci n'est pas du tout de son avis :

— Il faut qu'on l'accepte. Hollande a été très clair, il ne veut pas que la gauche se fâche avec Bernadette. Il est impossible qu'en tant que vice-présidente, tu votes contre cette subvention !

— Il est tout aussi impossible que je vote oui.

— Fais un effort !

— Tu me connais suffisamment pour savoir que je ne céderai pas.

Un compromis sera finalement trouvé : Martine Leclerc ne se rendra pas à l'assemblée le jour du vote.

Les subsides seront accordés sans qu'elle ait à les soutenir et sans qu'elle s'y oppose publiquement. Encore une synthèse à la Hollande…

Bernadette, elle, est ravie de la prévenance de son nouveau président. Et le montre. En 2010, elle vote en faveur d'une mesure emblématique de François Hollande, la distribution « gratuite » d'iPad à tous les collégiens de sixième du département. Tant pis pour ses collègues de l'UMP, qui la contestent. « Un vote, c'est libre, justifie-t-elle. Quand un élu de gauche propose une décision qui me paraît juste, je ne vois pas pourquoi je ne suivrais pas le mouvement. Dans les écoles pour enfants gravement malades ou handicapés, ces petits iPad sont utilisés pour faire travailler leurs cerveaux. J'ai expliqué cela à ces bovins de droite – je dis bien, ces bovins de droite – qui ne connaissent rien à rien. Ils étaient simplement furieux que je prenne le parti de Hollande, qui ne s'y attendait pas, d'ailleurs. Quand il a vu que mon doigt était levé, il a dit : "Ah ! cela, c'est une bonne chose[a]." » L'entente entre « François » et « Bernadette » tourne presque à l'idylle. Sur BFM TV, le 5 janvier 2011, la célèbre conseillère générale proclame : « Je m'entends bien avec lui, on travaille bien avec lui. Il écoute, c'est une grande qualité. »

En mars 2011, Hollande est réélu président du conseil général de Corrèze et devient quelques mois plus tard le candidat du parti socialiste à l'élection présidentielle, où il s'oppose à Nicolas Sarkozy. Dès lors, tout change, et c'est Bernadette Chirac qui lance la première attaque. Le 23 mars 2012, à l'hôtel du département, à Tulle, elle profite de la présence de la presse pour lancer à son propos : « Il n'a pas le gabarit d'un président de la République. »

L'intéressé n'apprécie pas… et saura s'en souvenir.

## 39

## « Tu es trop vieille, on n'a plus besoin de toi »

En septembre 2013, la conseillère générale de Corrèze découvre dans la presse une information qui la bouleverse : « son » canton, ce canton auquel elle tient tant et dont elle est l'élue depuis trente-quatre ans, va être écartelé en trois morceaux à l'occasion de la réforme de la carte électorale départementale, qui prendra effet en mars 2015. Elle considère cette décision comme une attaque personnelle.

Personne n'a pourtant eu la volonté de faire éclater son fief. Pour une raison simple, chacun pensait qu'à l'âge respectable de quatre-vingt-un ans, l'ancienne première dame ne se représenterait pas. Chacun, en l'occurrence, avait tort. « Je veux siéger jusqu'en 2017 avant de passer le relais », explique-t-elle aussitôt, bien décidée à se battre[a].

Au départ, ce sont les ténors du PS local qui tiennent les ciseaux ; mais, s'agissant de l'ancien département du chef de l'État en titre, la proposition remonte évidemment à François Hollande lui-même. « J'étais présent quand la nouvelle carte lui a été présentée, raconte Bernard Combes (PS), devenu à la fois son successeur à la mairie de Tulle et son conseiller à l'Élysée. Le Président l'a regardée attentivement puis a réagi en politique, en comptant les cantons favorables à la gauche et ceux favorables à la droite. Il s'est assuré que nous nous étions concertés avec l'opposition et a simplement dit : "Ça va." À aucun moment il n'a évoqué le canton de Mme Chirac[a]. »

Justifié sur le fond – avant la réforme, les habitants des campagnes comptaient proportionnellement bien plus de représentants que les habitants des villes –, le nouveau découpage pêche par sa forme : personne n'a songé à consulter la célèbre conseillère générale. « Est-ce que ce n'est pas honteux ? La femme d'un président de la République ! » s'offusque-t-elle[a]. Les socialistes locaux ne se rendent compte de leur erreur qu'après coup. « Il y a dix ans, nous aurions reçu Mme Chirac très tôt, quitte à ne pas accéder à ses *desiderata.* Là, nous avons tout bonnement oublié de la prévenir. Nous avons commis une faute de goût », regrette Bernard Combes[a]. L'intéressée ne s'en cache pas : « Ce qui me fait de la peine, c'est qu'on me renvoie avec un bon coup de pied en me disant : "Tu es trop vieille, on n'a plus besoin de toi[a]". »

Le jeudi 21 novembre 2013, pourtant, elle se reprend à espérer. Ce jour-là, François Hollande assiste à la remise des prix de la fondation Jacques-Chirac, au musée du Quai Branly. Elle l'affirme : « Après les discours, il s'est approché de moi et m'a dit : "Ne vous faites pas trop de souci pour votre canton." Cela m'a fait chaud au cœur. J'ai cru que j'avais réussi à le sauver[a]. »

Seule élue de France et de Navarre dans son cas, la voilà bientôt reçue tour à tour par le préfet, par le président du conseil général, par Manuel Valls, alors ministre de l'Intérieur, et par le président de la République en personne à l'Élysée. « Sur le fond, il ne m'a rien dit, se souvient-elle. À un moment, je l'ai vu se lever, traverser son bureau et écrire quelque chose. Mais peut-être cela n'avait-il rien à voir avec notre conversation[a]… » De fait, si on écoute poliment cette représentante du peuple pas comme les autres, on ne change rien. Il s'agit simplement de la calmer. Pourtant, il était possible de sauver le canton de Bernadette Chirac. « Si Hollande l'avait exigé, nous l'aurions fait », reconnaissait avant son décès Gérard Bonnet, l'ancien président socialiste PS du conseil général[a]. Mais Hollande n'a rien exigé…

Dès lors, l'inéluctable survient. En mars 2015, le canton de Corrèze disparaît bel et bien. Un affront pour l'ancienne première dame qui, toujours combative, rebondira en se présentant comme suppléante à Brive-la-Gaillarde. Une manière pour elle de « faire perdurer le nom de Chirac dans le département ».

Après cet épisode, ses relations avec le nouveau chef de l'État se détendront peu à peu, notamment parce que celui-ci prendra soin d'accéder à l'une de ses demandes les plus délicates.

— J'ai appris, dit-elle un jour à Bernard Combes, que l'Élysée avait décidé de retirer tous les gendarmes qui gardent Bity.

— C'est exact, madame.

— Je vous en supplie, renoncez à cette mesure !

— C'est impossible, madame, lui répond le conseiller du Président. Nous sommes en pleine crise budgétaire et les moyens manquent. Nous sommes obligés d'alléger la sécurité dans les résidences secondaires de tous les anciens présidents.

— Monsieur le maire de Tulle, je dois vous avouer quelque chose, et tant pis si cela n'est pas très glorieux : le soir, à Bity, toute seule, j'ai peur. Je vous le dis franchement, je vieillis et la présence des gendarmes est pour moi dissuasive. Dites-le au Président.

— Bien. Nous allons y réfléchir.

Bernard Combes transmet le message au chef de l'État, qui propose un compromis. L'effectif est réduit de douze gendarmes à six. Bernadette Chirac en saura gré à François Hollande.

Elle sera également sensible au geste qu'il aura pour elle le 9 mars 2016, à l'occasion des obsèques de Sophie Dessus, une élue corrézienne que tous deux appréciaient sincèrement. Ce jour-là, le chef de l'État propose à l'ancienne première dame une place dans l'avion présidentiel. Selon les témoins, elle lui aurait alors glissé : « Vous, au moins, vous aimez les gens[c]. »

Les mauvaises langues, bien sûr, interpréteront d'abord cette phrase comme une attaque indirecte contre Alain Juppé, à quelques mois de la primaire de la droite qui l'oppose à Nicolas Sarkozy. François Hollande, non. D'un naturel débonnaire, il est homme à ne pas voir le mal partout.

# 40

## « La juge Simeoni vient de vous renvoyer devant un tribunal »

Sur le papier, tout laissait présager une superbe journée. Le 30 octobre 2009, les Chirac se prélassent sous le soleil du Maroc dans l'un des hôtels de luxe qu'ils affectionnent : La Gazelle d'Or, à Taroudant. Et l'actualité s'annonce heureuse, tout entière tournée vers la promotion du premier tome des Mémoires de l'ancien chef de l'État. Sa popularité atteint des sommets, la sortie est prévue une semaine plus tard, les journalistes piaffent d'impatience. À n'en pas douter, le livre sera un succès.

Et pourtant, tout va déraper.

Jacques Chirac est encore dans sa chambre quand il entend frapper à sa porte. Un collaborateur entre, s'approche et prend son courage à deux mains : « Monsieur le Président, avant que vous ne paraissiez dans le hall de l'hôtel, vous devez être averti d'une nouvelle dont parlent tous les journaux en France : la juge Simeoni vient de vous renvoyer devant un tribunal. »

D'ordinaire impavide, Chirac ne parvient pas à masquer son émotion. Il réagit mal, très mal. Dans quelques minutes, cet animal à sang-froid se sera repris, mais sur le moment, il est sous le choc. Depuis le temps qu'il jonglait avec la loi ; depuis le temps que des avocats grassement payés trouvaient une astuce pour démonter les accusations et jouer avec les prescriptions ; depuis le temps qu'il était couvert par diverses immunités, il avait fini par croire que les « affaires » dont la presse faisait ses choux gras ne se traduiraient jamais par un procès. À soixante-seize ans, il se rend soudain compte qu'il va devoir s'expliquer.

Que lui reproche-t-on ? C'est simple, pendant des années, la mairie de Paris a rémunéré des personnes qui travaillaient en réalité pour le compte du RPR. En langage juridique, on appelle cela « détournement de fonds publics » et « abus de confiance ». Pour le grand public, ce sera le dossier des « emplois fictifs ».

C'est maintenant l'heure du retour en France. Devant son appartement du quai Voltaire, c'est l'effervescence des grands jours. Des dizaines de reporters, de photographes et de cameramen patientent pour capter l'image du vieux politicien roublard enfin rattrapé par les juges. Dans l'avion, on juge bon de le prévenir :

— Monsieur le Président, quand vous allez regagner votre domicile, attendez-vous à ce qu'il y ait beaucoup de journalistes. Certains suivront peut-être votre voiture dès l'aéroport.

— Que dois-je faire ?

— Comme d'habitude, paraissez naturel. Si vous souhaitez ouvrir la fenêtre et saluer, faites-le. Simplement, ne répondez pas aux questions.

À ce moment, Chirac prend la main de son collaborateur, la lui serre intensément et lui dit avec un certain trouble : « Merci. » Un instant d'émotion d'une grande sincérité, rare chez cet homme qui, toujours, cherche à dissimuler ses sentiments. Comme si ce grand cynique était ébranlé de voir des êtres rester à ses côtés non par intérêt mais par conviction, alors qu'il a perdu le pouvoir et n'a plus les moyens de les récompenser.

Quelques jours ont passé, il est temps d'arrêter une stratégie de défense. On décide en premier lieu d'indemniser la Ville de Paris. Certes, comme le fait remarquer notamment son futur gendre, Frédéric Salat-Baroux, ce geste revient à reconnaître la culpabilité de l'ancien président, selon le récit très informé de Béatrice Gurrey[a]. Mais à l'inverse, rembourser le préjudice pourrait conduire à la bienveillance et le tribunal et le maire de Paris, Bertrand Delanoë. Cet argument l'emporte.

Bertrand Landrieu est alors chargé des négociations. Le directeur de cabinet de Jacques Chirac, qui fut longtemps préfet d'Île-de-France, connaît très bien l'édile socialiste. Celui-ci l'invite à déjeuner à l'Hôtel de Ville et lui explique en substance : « Politiquement, il m'est impossible de renoncer à l'indemnisation des Parisiens. Ils ont été spoliés, ils doivent être remboursés. Mais si nous pouvons trouver un terrain d'entente, je n'y ferai pas obstacle. »

Les avocats des deux parties prennent langue. Les Chirac peuvent être rassurés de ce côté-là : dès lors que l'argent dû sera restitué, Delanoë se contentera du service minimum. « Il a cherché et obtenu une solution favorable au budget municipal, souligne le journaliste Alain Duhamel. Pour le reste, il avait envie de garder des relations courtoises avec les Chirac. Électoralement, c'était intelligent[b]. » Une fois l'accord trouvé, Delanoë retirera d'ailleurs sa constitution de partie civile. Son lointain prédécesseur lui en sera reconnaissant – sa famille aussi. Ce n'est pas un hasard si Claude tiendra à ce que ce même Delanoë célèbre son mariage avec Frédéric Salat-Baroux, en 2011.

De son côté, Bernadette prend rapidement les choses en main. Elle redoute les images des télévisions, avides de montrer un ancien président traîné devant les tribunaux. Elle craint aussi pour sa réputation, pour ce nom, Chirac, qui est le sien depuis plus de cinquante ans. De toute manière, elle a toujours été une épouse protectrice, comment imaginer qu'elle puisse se mettre en retrait dans de telles circonstances ?

Elle commence par imposer un nouveau défenseur. Puisque Jean Veil n'a pu empêcher ce procès, elle lui adjoint maître Georges Kiejman, ancien ministre de François Mitterrand. « En fine politique, Bernadette Chirac juge qu'un avocat classé à gauche représentera un symbole fort pour la défense de son mari », écrit Béatrice Gurrey[a]. Surtout, elle prend contact avec Nicolas Sarkozy, avec lequel elle entend passer un pacte. Son message ? Puisque l'UMP est l'héritière du RPR, bénéficiaire des emplois fictifs, le parti du nouveau chef de l'État doit prendre à sa charge une partie de l'indemnisation réclamée par la Ville de Paris. Non seulement elle obtiendra gain de cause sur le principe, mais, négociatrice hors pair, elle imposera une répartition étonnamment favorable à ses intérêts. Au terme du procès, l'UMP acquittera 1,7 million des 2,2 millions réclamés par Delanoë.

Cela laisse néanmoins un solde de 500 000 euros pour les Chirac. Comme toujours en ces matières, l'ancienne première dame n'entend laisser à personne le soin de définir les modalités pécuniaires du règlement. Elle négocie avec les banques un emprunt, qu'elle gage sur les droits d'auteur du second tome des Mémoires de son époux lequel, hasard du calendrier, paraît en 2011, peu de temps avant le jugement. Pas question de les céder entièrement à des fondations, comme ce fut le cas avec le précédent opus. Et puisque cela risque de ne pas suffire, elle décide d'entrer en avril 2010 au conseil d'administration de LVMH.

Elle ne doit s'avouer vaincue que sur un point, mais il est de taille : le président du Conseil constitutionnel, Jean-Louis Debré, a persuadé son époux de quitter l'institution du Palais-Royal et de renoncer aux indemnités afférentes. Son raisonnement est aussi simple qu'implacable : si Chirac ne siège pas pendant la période de son procès, il ne peut continuer à percevoir comme si de rien n'était 11 000 euros par mois. Bernadette est furieuse : « Vous lui avez arraché cette lettre ! On lui fait signer n'importe quoi[a] ! » Elle le poursuivra dès lors de son courroux. Durablement. En novembre 2015, à la fin d'un repas organisé pour l'anniversaire de son mari, elle confiera à l'un des convives : « Debré, c'est un type que je ne peux pas supporter. Je le déteste. S'il est là, c'est vraiment parce que Claude l'a invité[b]. »

Reste une dernière question à trancher : l'ancien président doit-il ou non assister à son procès, qui s'ouvre enfin le 5 septembre 2011 ? Non, tranchent Bernadette et Claude, toujours d'accord quand il s'agit de l'intérêt supérieur du grand homme de la famille. Bien sûr, son absence risque de ressembler à un nouveau stratagème pour se dérober à la justice. Mais les risques sont trop grands : dans son état, il pourrait se montrer trop bavard.

Pendant l'été, le vieil homme est donc emmené en consultation auprès des plus grands neurologues, qui établissent leur diagnostic : les capacités de l'ancien chef de l'État sont trop diminuées pour qu'il puisse répondre aux questions des magistrats. Ironie de la (petite) histoire, le rapport médical faisant état de troubles neurologiques « sévères » et « irréversibles » est signé Olivier Lyon-Caen. Un professeur qui, dans le civil, est marié à Jacqueline Chabridon, l'ancien grand amour de Chirac…

Une lettre signée de l'intéressé est envoyée au président du tribunal quelques jours avant l'ouverture de l'audience. « Je n'ai pas l'entière capacité de participer au déroulement de ce procès », écrit-il. En l'absence de l'acteur principal, représenté par ses seuls avocats, les débats perdent inévitablement de leur intérêt. Le verdict annoncé le 15 décembre 2011 n'en est pas moins spectaculaire : deux ans de prison avec sursis pour « abus de confiance », « détournement de fonds publics » et « prise illégale d'intérêts ». Sagement, Bernadette Chirac décide de ne pas faire appel, inutile de risquer une peine plus sévère encore, ni de prolonger une actualité qui rappelle si fâcheusement à l'opinion les turpitudes passées de son conjoint.

Le mal, au demeurant, est fait. Selon le tribunal, Jacques Chirac est clairement « l'initiateur et l'auteur principal des délits » et « a manqué à l'obligation de probité qui pèse sur les responsables publics ». C'est la première fois qu'un ancien président de la République française est condamné par la justice.

Bernadette et Claude s'en inquiètent : voilà qui va entacher sérieusement la trace qu'il laissera dans l'Histoire. Lui s'en moque comme de sa première chemise.

# 41

## « Cet homme n'a pas d'ego et ne songe pas à sa trace »

Ce fut longtemps un mystère. Pendant des années, Jacques Chirac ne s'est jamais séparé d'une serviette de cuir noir que personne n'avait le droit d'approcher et encore moins d'ouvrir – y compris sa femme et ses filles. C'est seulement à la fin de sa carrière politique que le chef de l'État accepta d'en dévoiler le contenu. En 2006, alors que Pierre Péan[a] lui parle de l'Asie, il saisit ladite serviette et en sort plusieurs dossiers recouverts de plastique transparent.

Leurs titres ? « Les grandes étapes de l'histoire de l'homme, de l'origine à la Provence romaine » ; « D'où venons-nous ? Qui sommes-nous ? Où allons-nous ? » ; « Les sept grandes religions »... Y sont consignées méticuleusement des informations sur « l'acquisition d'un certain sens de l'esthétisme avec l'*Homo erectus* », « l'émergence des premiers rites funéraires et de la naissance d'une pensée religieuse avec l'*Homo sapiens* » ou encore sur « l'invention de l'art, il y a un peu plus de 30 000 ans ».

Ces fiches, qui le renvoient à des interrogations profondes qui le taraudent depuis son plus jeune âge, l'ancien président les aura complétées et consultées toute sa vie. Les conclusions qu'il en a tirées sont définitives et éclairent d'un jour différent son comportement. « Notre espèce est sans doute vouée, comme toutes les autres, à disparaître[b] », assure-t-il. Ou encore : « Ceux qui laissent quelque chose, ce sont les grands artistes, les grands penseurs ou les grands scientifiques. Rarement les hommes politiques[c]. » Tout juste consent-il à mettre de Gaulle à part.

Cette plongée permanente dans les origines de l'humanité l'a convaincu de la relativité des choses. « Il est le plus sincèrement modeste de tous les présidents de la Ve République, assure Alain Duhamel, qui les a beaucoup fréquentés. Il n'y a chez lui aucun narcissisme. Il est très intelligent, mais il dit souvent "J'ai eu tort" ou bien "Cela m'avait complètement échappé". Et ce n'est pas un artifice. »

Non seulement il ne se prend pas au sérieux, mais de plus, il souffre cruellement d'un manque d'estime de soi, comme l'explique très justement le journaliste Éric Zemmour. « On ne comprend rien à Chirac si on ne comprend pas cela : c'est un homme qui ne s'aime pas. Il est le premier à se traiter de con. À tout bout de champ[d]. » Un trait de caractère que Franz-Olivier Giesbert illustre par cette anecdote révélatrice : « Claude Chirac se souvient de son effarement devant un costume qu'il avait reçu en cadeau d'anniversaire : "Mais je ne pourrai jamais le porter, il est trop beau pour moi[e] !" »

Il est vrai aussi qu'il est persuadé d'avoir manqué le coche lors de l'élection présidentielle de 2002, lorsqu'il a recueilli plus de 82 % des voix face à Jean-Marie Le Pen. Jamais un président n'avait obtenu un score aussi élevé, jamais sans doute aucun autre ne l'atteindra. À ce moment, de fait, il a eu rendez-vous avec l'Histoire, mais il n'a pas su s'élever à la hauteur de l'événement. Il est resté peureusement accroché à son camp sans adresser un signe à ces millions d'électeurs de gauche qui avaient voté pour lui ; il a nommé Jean-Pierre Raffarin à Matignon, bricolé un programme de réformes aussi vagues qu'indolores. La routine.

On ne s'étonnera pas que, dans ces conditions, il ait initialement refusé d'écrire ses Mémoires : « Mais qui cela peut-il intéresser ? » a-t-il répondu dans un premier temps à l'éditrice Nicole Lattès[e]. « Cet homme n'a pas d'ego et ne songe pas à sa trace », reconnaît Claude[c].

Qu'à cela ne tienne, si lui ne s'intéresse pas à la question, sa fille et sa femme s'en chargent. Responsable de sa communication, Claude a patiemment tenté d'effacer l'image de politicien de bas étage qui collait à son père. Pas facile, avec un homme qui fut tour à tour pour et contre l'Europe, pour et contre le quinquennat, pour et contre l'impôt sur la fortune, pour et contre l'autorisation administrative de licenciement – liste non exhaustive... Force est pourtant de constater qu'elle y est en partie parvenue, en dessinant au fil du temps un profil avantageux de son géniteur. Gommant ses allers et retours idéologiques, le grotesque de la dissolution, l'échec du référendum sur la Constitution européenne. Glorifiant son opposition à Bush pendant la guerre en Irak ; sa reconnaissance de la responsabilité de la France dans la déportation de juifs pendant la Seconde Guerre mondiale ; son humanisme universel ; son souci prétendu de l'écologie… Elle rêve même de lui faire attribuer le prix Nobel de la paix. Après tout, elle est dans son rôle. Et tant mieux pour elle si une partie de la presse relaiera complaisamment ce récit avantageux, serinant notamment à qui mieux mieux l'une de ses citations les plus fameuses : « La maison brûle et nous regardons ailleurs », sans rappeler trop pesamment son passé de défenseur acharné de la voiture à Paris et de l'agriculture productiviste partout ailleurs.

Au fil des années, les Français se sont pris d'affection pour l'homme Chirac, sans être dupes de ses faiblesses et de ses contradictions. Lui-même, d'ailleurs, ne se fait aucune illusion : « Je n'ai guère de mérite ! Quand on n'intervient plus dans les affaires courantes, les gens vous regardent autrement », souligne-t-il le 25 janvier 2011 lors des vœux qu'il prononce devant l'association Avec le président Chirac[f].

Le dernier grand œuvre de Claude est la nouvelle appellation du musée du Quai Branly – Jacques-Chirac. L'idée avait déjà été évoquée vers 2008, avant la mort d'un grand ami de son père, Jacques Friedmann, qui fut le président d'honneur de l'établissement. Elle fut de nouveau avancée lors de l'hiver 2015-2016, quand l'ancien président dut subir une hospitalisation d'urgence. « À ce moment-là, tout le monde a cru que c'était la fin », confie un ami. Le principe est alors acté et la date choisie : le 20 juin 2016, au moment du dixième anniversaire de l'établissement, et associée à une exposition titrée précisément « Jacques Chirac ou le dialogue des cultures ».

Claude et Bernadette saisissent l'occasion pour affiner l'image de leur grand homme. L'initiative ne paraît pas illégitime, Chirac est un passionné sincère et reconnu des arts lointains. Chef de l'État, il s'est battu contre les mandarins du musée du Louvre pour ouvrir un département consacré à ces créations longtemps méprisées. Il est évidemment l'initiateur du projet du Quai Branly et a même rêvé en vain de bâtir une « cité des origines ». Les Chinois et les Japonais eux-mêmes le considèrent comme un véritable expert dans ce domaine. En ce dernier jour du printemps, l'opération de communication tourne donc à l'apothéose : journaux de 20 heures, presse quotidienne et sites Internet entonnent une ode unanime à cet amoureux des civilisations extra-européennes.

Cette image d'Épinal, toutefois, mérite d'être nuancée ; en effet, comme souvent avec Jacques Chirac, son action n'a pas toujours coïncidé avec ses convictions. Jeune, il fut ainsi partisan de l'Algérie française. Président de la République, il n'a rien fait pour que la France ratifie la Charte européenne des langues régionales, vestiges précieux de ces cultures minoritaires en danger sur notre propre sol, et il s'est carrément opposé aux initiatives de son ministre de la Culture, Jean-Jacques Aillagon[g].

Mais c'est sans doute en Nouvelle-Calédonie – illustration quasi parfaite de la domination occidentale sur un « peuple premier » – que les contradictions de Chirac apparaissent avec le plus d'évidence. N'est-ce pas lui qui, le 3 mai 1988, à quelques jours du second tour de l'élection présidentielle, a ordonné (avec l'accord de François Mitterrand) l'attaque sanglante de la grotte d'Ouvéa, où des indépendantistes kanaks retenaient plusieurs gendarmes en otage ? Cela lui vaudra d'ailleurs un dialogue orageux avec son ami Michel Rocard, qui lui succède à Matignon quelques jours plus tard. « Notre passation de pouvoir s'est globalement très bien passée, rapportait ce dernier peu avant sa mort, sauf à propos de la Nouvelle-Calédonie. Le modèle français de Chirac – on cogne et on négocie après – était culturellement enraciné dans un récit historique méprisant. Le statut Pons, qu'il avait fait préparer par son ministre des DOM-TOM, était profondément inégalitaire. À ce moment-là, j'ai presque eu honte de son raisonnement intellectuel et, à travers le sien, de celui de mon pays[h]. »

Au moins Jacques Chirac est-il lucide : malgré les efforts de sa femme et de sa fille, les historiens ne porteront pas forcément sur son bilan un regard très amène.

# 42

## « Mon mari, il est à la retraite, je vous signale »

« Jacques Chirac est mort ! » C'est Bernadette Chirac qui vient de lancer ce cri dans le vaste couloir du conseil général de Corrèze. « Jacques Chirac est mort ! » Incroyable annonce ! Et parfaitement mensongère, en l'occurrence. Nous sommes à l'automne 2007. L'ancien président est certes un peu diminué, mais il est loin, très loin d'avoir passé l'arme à gauche.

Pourquoi son épouse joue-t-elle ainsi les provocatrices, et dans un lieu public qui plus est ? L'ancien patron de l'assemblée départementale, Jean-Pierre Dupont, qui rapporte cet épisode, avance deux hypothèses. « Cela pouvait vouloir dire : "Maintenant que mon mari n'est plus à l'Élysée, vous ne pourrez plus vous appuyer sur lui." Sous-entendu "Il est mort et vous aussi." Ou bien "Mon mari est à la retraite, mais pas moi. Je suis toujours élue[a]." »

De fait, depuis qu'il a été remplacé par Nicolas Sarkozy, Jacques Chirac a du mal à donner un sens à sa nouvelle vie. Pour la première fois depuis cinquante ans, il n'a plus de fonction officielle. Chez cet hyperactif qui a toujours eu peur du vide, la décompression tourne rapidement à la dépression. Le téléphone sonne moins, les visites se font plus rares, la plupart des députés dont il se croyait proches désertent. « C'est un homme fait pour l'action. Sans action, il s'emm... », résume dans son langage fleuri Pierre Mazeaud[a]. « C'était un gros travailleur et, d'un coup, ce fut la rupture. Il s'est retrouvé face à lui-même », indique Alain Juppé[b]. En quittant le pouvoir, il a le sentiment d'avoir quitté la vie.

Les premières années, pourtant, son entourage veut croire en une reconversion heureuse. Après tout, l'ancien président a largement de quoi s'occuper. Ne doit-il pas siéger au Conseil constitutionnel ? Écrire ses Mémoires ? Lancer sa fondation pour la « protection de la biodiversité », le « dialogue des cultures » et le « respect de l'environnement » ? En fait, il ne s'investira jamais vraiment dans ces diverses tâches. « Quand je suis revenu travailler avec lui rue de Lille en 2007, je pensais que la richesse de sa vie intérieure allait lui permettre de rebondir. Je me suis trompé », rapporte l'un de ses anciens collaborateurs[a].

Rien de tel pour son épouse qui, de son côté, conserve une activité bouillonnante. Elle continue de collecter les pièces jaunes pour sa fondation Hôpitaux de France - Hôpitaux de Paris, reprend la présidence de la fondation Claude-Pompidou, après le décès de la veuve de l'ancien président. Elle vibrionne dans les événements mondains, dont elle rentre à point d'heure, et se consacre plus que jamais à son mandat de conseillère générale de Corrèze.

Personne ne songerait à le lui reprocher, évidemment, si elle n'en profitait pour tenir publiquement des propos désagréables à l'endroit de son conjoint. Dans les médias, dans les soirées, dans les assemblées politiques, partout, elle mitraille.

En 2012, sur Europe 1, alors qu'on l'interroge sur la santé de l'ancien chef de l'État, elle choisit cette formule cruelle : «Il va comme un homme de soixante-dix-neuf ans, qui aura quatre-vingts ans le 29 novembre. La vieillesse, le général de Gaulle l'avait dit, c'est un naufrage.» La phrase que l'homme de la France libre avait utilisée dans ses *Mémoires de guerre* à propos de Pétain…

En 2014, sur RTL, elle s'autorise cette petite perfidie : «Mon mari, je me garde bien de parler politique avec lui. Il est à la retraite, je vous signale. Il n'en fait plus. Tandis que moi, je suis conseillère générale de Corrèze.»

Après l'élection présidentielle de 2012, elle le ridiculise en affirmant qu'elle n'a pas respecté le vote par procuration qu'il lui a confié. «Dans la famille, ils ont tous voté Hollande, sauf Jacques, mais lui ne le sait pas», assure-t-elle dans les dîners en ville, qu'elle fréquente avec délectation. Et quand on lui demande de ses nouvelles, il lui arrive de répondre : «Il garde le chien[b].»

Roselyne Bachelot se souvient d'une manifestation organisée pour l'anniversaire de la fondation Claude-Pompidou, à laquelle Jacques Chirac assistait, même s'il se déplaçait avec difficulté. «Après les discours, raconte l'ancienne ministre de la Santé, le Président a demandé à sa femme : "Je reste pour le dîner ?" Celle-ci lui a répondu à haute voix : "Ah non ! Vous partez maintenant. Vous allez arrêter de m'embêter[a]." »

Elle en fait tant qu'elle choque son proche entourage. « Au Théâtre des Champs-Élysées, lors d'une soirée donnée au profit de la Maison de Solenn, elle a commis des fautes de comportement énormes, en parlant de Jacques sans l'ombre d'une marque d'affection ou de tendresse », rapporte l'un d'eux. La relation devient tellement tendue entre eux que l'on s'organise pour ne plus les inviter seuls, mais en les « noyant » parmi d'autres convives. « Quand ils sont en petit comité, c'est trop difficile, témoigne un proche. Ils se lancent sans cesse des propos violents[a]. »

Le plus « beau » coup de Bernadette Chirac, peut-être, remonte au 15 avril 2010. Ce jour-là, elle annonce son entrée au conseil d'administration de LVMH. Or, elle le sait parfaitement, le géant du luxe est dirigé par Bernard Arnault, qui n'est autre que la bête noire de François Pinault. Pinault ! L'un des meilleurs amis de Jacques Chirac. L'homme qui les invite régulièrement pour leurs vacances dans ses villas de Dinard et de Saint-Tropez. Qui leur prête régulièrement son avion privé. Qui rend visite à son vieux mari toutes les semaines ou presque. Et qui, accessoirement, est l'employeur de Claude !

Quand il apprend la nouvelle, le milliardaire, on l'imagine, est furieux. « Il a réagi très mal, plus que très mal, même », commente Frédéric de Saint-Sernin, à l'époque directeur des relations publiques de son groupe[a]. Ce n'est pourtant rien à côté de Jacques Chirac qui, dans son bureau de la rue de Lille, entre dans une colère noire. « Il était absolument fu-ri-bard, se souvient l'un de ses collaborateurs. Aussitôt, il nous a dit : "Je veux publier un communiqué pour me désolidariser de Bernadette[a] !" »

Mais très vite, il doit convenir lui-même que son idée est tout bonnement irréalisable. Après tout, sa femme est majeure et libre de se conduire comme elle l'entend. Que pourrait-il écrire ? Rien. « Alors, il s'est rendu chez Pinault pour lui présenter personnellement ses excuses. Il était profondément meurtri », reprend son conseiller.

En vérité, entre les deux hommes, la relation est incroyablement intense. « Ce sont deux frères », commente Franz-Olivier Giesbert, qui a été le biographe de l'un et l'employé de l'autre lorsqu'il dirigeait *Le Point*[a]. Une même réussite appuyée sur le talent, et non sur la naissance ; un même regard distancé sur la vanité des hommes ; une même passion pour les arts… Nul n'est certain de savoir exactement ce qui les unit, mais chacun le constate, leur fraternité a atteint un degré exceptionnel, qui confine à la passion.

Le premier moment de colère passé, François Pinault se comportera d'ailleurs de manière admirable. Continuant d'inviter les Chirac pendant les vacances. Embauchant Martin, le fils de Claude, dans l'une de ses filiales, Christie's, après que le petit-fils du Président a raté son bac. Leur prêtant son hôtel particulier de la rue de Tournon, qu'il fait aménager afin que l'ancien chef de l'État puisse y circuler commodément malgré son fauteuil roulant. Continuant, surtout, de se rendre rue de Lille avec opiniâtreté. « C'est là le plus exceptionnel, commente Frédéric de Saint-Sernin. Donner de l'argent, quand on en a autant que lui, c'est facile, d'une certaine manière. Mais venir voir Chirac, alors que le dialogue est devenu si difficile et qu'il ne sait pas trop comment s'y prendre, est une superbe marque d'amitié[a]. »

C'est donc à cet homme-là que l'ancienne première dame a décidé de faire ce coup pendable. Pourquoi ? « Avec elle, le problème est toujours le même, estime Franz-Olivier Giesbert. Comme elle est jalouse, elle n'accepte pas que son mari accorde son affection à d'autres. » Un trait permanent, chez Bernadette Chirac, même s'il faut toujours rappeler que son aigreur découle avant tout de l'infidélité hyperbolique de son époux et des humiliations répétées qu'il lui a fait subir.

L'entourage du couple avance d'autres motivations pour expliquer son indélicatesse. Son goût de l'argent, lié notamment à l'angoisse qui la taraude alors concernant l'avenir de Laurence. Sa volonté d'être considérée non plus seulement comme une simple « femme de », mais reconnue pour elle-même. Son plaisir enfin de rendre la monnaie de leur pièce à une fille et à un conjoint qui n'ont pas manqué, dans le passé, de se liguer contre elle.

Quoi qu'il en soit, elle a eu tort, c'est l'évidence. Et la magnanimité de Pinault ajoute encore à son déshonneur. Son mari, d'ailleurs, ne manque pas une occasion de le lui rappeler. À l'été 2010, alors que le couple assiste au repas donné pour célébrer l'achèvement du chalet-témoin du domaine des Monédières, dans le canton de son épouse, il lui lance : « Votre ami

Bernard Arnault vous a recrutée à son conseil d'administration pour se venger de mon copain François Pinault. »

Et d'insister auprès de l'assistance : « Vous pouvez le répéter, c'est la vérité ! »

L'affaire LVMH n'est que l'épisode le plus spectaculaire d'un comportement général. Pendant des mois, voire des années, Bernadette Chirac multiplie les outrages à l'encontre de son conjoint. Et beaucoup s'interrogent : comment peut-on aimer autant son époux et se comporter ainsi ? Par vengeance ? L'hypothèse, inévitablement, prend corps. « Après 2007, elle est la seule à exister politiquement, médiatiquement, socialement, analyse Jean-Luc Barré. La seule encore sur la scène, quand son mari vit retiré de tout. Il y a là, chez elle, une part de revanche qu'elle ne se cache pas de savourer[a]. » « L'un des meilleurs amis de l'ancien président, Jacques Friedmann, disparu en 2009, en était lui aussi persuadé, rapporte Philippe Alexandre. Il me disait : "Elle se venge des infidélités de son mari." » Sentiment largement partagé parmi leurs proches.

Sans doute à tort.

# 43

## « Elle pensait profiter de lui après le pouvoir. La maladie l'en a empêchée »

L'essentiel, en réalité, est ailleurs. Ce qui bouleverse Bernadette Chirac, au moment où son mari entre dans la dernière période de son existence, est très simple et très cruel à la fois : elle perd l'idole de sa vie. Cet homme qu'elle a connu si ardent, si fougueux, si enthousiaste, s'effondre. Et cela au moment même où elle aurait pu, enfin, en disposer un peu !

Pendant cinquante ans, elle a dû partager son conjoint avec la France – et avec une ribambelle de maîtresses. Elle pensait : « Un jour, il va cesser de vivre pour la politique et de courir les filles. Un jour, je l'aurai pour moi. » En 2007, elle a cru ce jour arrivé, et voilà qu'elle récupère un mari malade, diminué, déprimé. La pose d'un stimulateur cardiaque les oblige à annuler le voyage en Chine qu'ils avaient prévu ; celui envisagé au Japon subit le même sort[a]. Est-ce donc cela, vieillir ensemble ? « Elle pensait profiter de lui après le pouvoir. La maladie l'en a empêchée », souligne Françoise Limoujoux[b]. « Jacques Chirac aurait pu être un ex-président heureux, complète Franz-Olivier Giesbert. Il avait des projets dans l'archéologie, des liens avec des musées chinois… Il en parlait avec enthousiasme : "C'est ma vocation. Je vais avoir une deuxième jeunesse !" Tout a basculé avec ses ennuis de santé, il s'est retrouvé diminué, prostré et il s'est replié sur lui-même[b]. »

À vrai dire, les premiers signes du déclin ont commencé avant même son départ de l'Élysée, en 2007. Le 2 septembre 2005, Jacques Chirac est victime d'un AVC et doit être hospitalisé une semaine au Val-de-Grâce. Le choc n'est pas seulement physique, il est aussi politique. La perspective d'un troisième mandat, cultivée sérieusement ou comme un moyen de garder son autorité le plus longtemps possible, s'évanouit. Certes, il n'y renonce officiellement que le 11 mars 2007 ; mais en réalité, avec son accident, la quintessence du pouvoir lui a échappé, au terme d'une *annus horribilis* où il aura enchaîné les revers. L'AVC, donc, mais aussi le référendum raté sur la Constitution européenne et l'échec de la candidature de Paris aux jeux Olympiques… Les dés ont roulé, le vieux joueur semble avoir perdu définitivement la main.

Pour la première fois, le corps de cet homme respirant la santé lui rappelle cette vérité qu'il voulait tant ne pas voir : lui aussi est mortel. Le moral est atteint. Parfois même, le psychique ne suit plus, comme lors de cette réunion de 2006 organisée pour constituer la fondation Jacques-Chirac, qui doit prendre la suite de l'Association des centres éducatifs pour handicapés du Limousin.

Dans le salon vert où se réunit traditionnellement le Conseil de défense, tout a pourtant été soigneusement préparé par ses collaborateurs. Sur la table, de grands cavaliers précisent les noms des personnes présentes. Et le Président dispose devant lui d'un dossier où figurent les informations nécessaires. Pourtant, très vite, c'est la panique. Visiblement, Jacques Chirac est perdu. Autour de la table, on échange des regards un peu ébahis.

« J'étais assis à sa gauche et je me suis aperçu de son trouble, indique Jean-Pierre Dupont, qui relate cet épisode. Alors, je suis intervenu. "Jacques, si tu permets, c'est un dossier qu'en tant que vice-président de l'association j'ai bien étudié. Je vais reprendre les explications." Je me suis appuyé sur le double du dossier que l'on m'avait confié et j'ai assuré la présidence de la réunion jusqu'à son terme[b]. »

Y a-t-il eu d'autres épisodes de ce genre ? Thierry Breton, qui dirigea Bercy de 2005 à 2007, certifie que non. « Il était visiblement un peu fatigué les deux ou trois premiers mois qui ont suivi son AVC, mais ensuite ce n'était plus le cas. Personne ne pourra vous dire qu'il y ait eu la moindre incidence pendant un Conseil des ministres ou toute autre réunion avec nous[b]. »

Un fait est certain, après 2007, la maladie progresse très vite. Comme François Mitterrand avant lui, Jacques Chirac tenait pour le pouvoir, par le pouvoir. Comme François Mitterrand, maintenant qu'il l'a quitté, son corps le lâche. Il marche de plus en plus laborieusement, entend de plus en plus mal, se couche de plus en plus tôt. « Pour l'un de ses anniversaires, je lui ai offert avec Bertrand Landrieu, son directeur de cabinet, un vélo d'appartement équipé d'un compteur électronique pour respecter la vitesse fixée par les médecins, se souvient Pierre Mazeaud. Il l'a mis dans un placard et ne s'en est jamais servi, il n'avait plus de muscles aux jambes. Je lui ai dit : "Toi ? Mais dis donc, dans les campagnes électorales, tu courais comme un dératé, j'avais du mal à te suivre !" Il était heureux que je lui rappelle ces souvenirs, mais cela n'a rien changé[b]. »

Les premières années, Chirac a du mal à assumer son étiolement. Buter face à des tâches élémentaires lui est insupportable. Il en devient agressif, acrimonieux, et reporte régulièrement sa colère sur son épouse. Il n'était pas préparé à vieillir. « J'ai toujours pensé que je mourrais d'un seul coup, comme mon père, et je m'étais presque fait à cette idée », reconnaît-il[c]. Le voilà au contraire confronté à la déchéance physique et à la mort qui, partout, rôde. La camarde fauche ses compagnons de route les uns après les autres : Michel François-Poncet, Jacques Friedmann, Robert Pandraud, Henri Cuq, Maurice Ulrich, Jérôme Monod…

En Corrèze, ce n'est pas mieux. Entre 2007 et 2013, il a séjourné tous les étés à Bity. Pour passer le temps, il appelait régulièrement des copains, notamment le maire d'un petit village des alentours :

— Alors, Pierrot, qu'est-ce que tu fais ?

— Et toi ? répondait l'autre.

— Rien, répondait Chirac. Je m'emmerde. Je peux descendre te voir ?

— Bien sûr, passe !

Et les deux hommes allaient boire un coup dans un café.

Pierrot, lui aussi, est décédé.

Aussi les plaisirs qui lui restent sont-ils bien rares. Des échanges avec son petit-fils, Martin. Des discussions empreintes de spiritualité avec le rabbin Haïm Korsia. Le succès de librairie rencontré par ses Mémoires, auquel il ne s'attendait pas. Des propos galants aux jolies femmes qu'il lui arrive de croiser. La fidélité désintéressée d'une poignée de chiraquiens sincères… C'est à peu près tout.

Même la politique lui indiffère de plus en plus. En 2007, il s'était fixé un devoir de silence public, pour ne pas ressembler à Giscard, son antimodèle, qui ne cesse depuis sa défaite de 1981 de distribuer des bons et des mauvais points à la Terre entière. Il n'en est sorti que pour tacler Sarkozy de temps à autre. Une visite au musée de l'Immigration, pour marquer sa désapprobation des tests ADN pour les candidats au regroupement familial. Une déclaration sur France 5, pour contredire le nouveau chef de l'État après son discours de Dakar où il avait prétendu que « l'homme africain [n'était] pas assez entré dans l'Histoire ». « L'homme africain est entré dans l'Histoire, il y est même entré le premier ! » avait cinglé Chirac. Et, toujours, un soutien réitéré à Juppé. Mais, pour le reste… Quand on évoque devant lui les débats au Parlement ou le prochain scrutin, il interrompt souvent ses interlocuteurs : « Parle-moi d'autre chose. »

Bientôt, son esprit s'égare. Il a des jours avec et des jours sans. Ses visiteurs ont du mal à mener avec lui une conversation suivie. Parfois, il y a un déclic, lié généralement à un souvenir ancien. « Récemment, je lui ai annoncé que je m'apprêtais à partir en vacances et que je pratiquerais l'équitation, raconte Jean-François Legaret. Il m'a aussitôt rétorqué : “Tiens, comme ton père ?” Un homme qu'il a certes connu en tant que parlementaire à ses débuts, mais qui est tout de même décédé en 1976[b]. » Rares éclaircies. Le plus souvent, il reste claustré, impénétrable, plongé dans son monde intérieur.

Il y a pire. Bientôt, chez l'octogénaire, les filtres tombent. Lui, si soucieux des convenances, se comporte de manière totalement désinhibée, insulte certains interlocuteurs, tient publiquement des propos égrillards, verse dans la vulgarité la plus sordide. Il lui arrive même d'être violent, y compris avec son épouse.

Au fil des jours, Bernadette Chirac oscille donc entre la peur, le désespoir, la tristesse et la colère, en gardant néanmoins, tel un fil rouge, l'attitude protectrice qui a toujours été la sienne. Sur Europe 1, elle dément avec force la rumeur rapportée par la presse selon laquelle son conjoint serait atteint de la maladie d'Alzheimer. « Je ne peux pas accepter que l'on insinue cela ! » s'emporte-t-elle – son mari souffre d'anosognosie, un trouble neurologique qui se traduit par l'incapacité du malade à prendre conscience de la maladie dont il est atteint. Au quotidien, aussi, elle fait front. À la terrasse d'un café de Saint-Tropez, quand Jacques Chirac se laisse aller à un geste déplacé vis-à-vis d'une serveuse, elle se dirige aussitôt vers les photographes et leur ordonne de quitter les lieux : « Maintenant, vous le laissez tranquille ! » « Dieu sait si la situation est difficile pour elle, et néanmoins, avec quel dévouement elle le soigne ! » constate Béatrice de Andia[b].

C'est aussi en pensant l'épargner qu'en juin 2016, en accord avec Claude, elle n'informe pas son époux de la fête donnée au musée du Quai Branly pour l'ouverture de l'exposition « Jacques Chirac ou le dialogue des cultures ». Elle lui a même retiré la télévision pour qu'il ne risque pas d'en entendre parler. Inévitablement, il aurait voulu venir, pense-t-elle, et cela aurait représenté une trop grande fatigue pour lui. En revanche, elle s'arrange avec Stéphane Martin, le directeur de l'établissement, pour lui organiser une visite privée lors d'un jour de fermeture.

Elle aussi, d'ailleurs, vieillit. « Maman ne va pas bien non plus », s'inquiète parfois Claude, qui s'investit plus que jamais auprès de ses parents. Après l'entrée de sa mère au conseil d'administration de LVMH, elle a quitté la direction de la communication de PPR, la société de François Pinault, et a rejoint son père, rue de Lille. Que pouvait-elle faire d'autre, au moment où la santé de Jacques Chirac commençait à décliner et où, concomitamment, se dessinait la perspective de son procès ? Ne lui a-t-elle pas dédié sa vie ? Depuis, elle est présente à son côté presque tous les jours, suscitant l'admiration générale. « Elle va jusqu'à dîner le soir avec ses parents. Elle fait preuve d'une abnégation totale ! » s'exclame Pierre Mazeaud[b]. « C'est une sainte ! renchérit Franz-Olivier Giesbert. Elle se sacrifie pour son père, et même pour sa mère[b]. »

Au quotidien, la situation de Bernadette Chirac devient vraiment difficile, parfois insupportable. « Je suis quand même seule. Je ne peux plus avoir de discussion avec lui », confie-t-elle à Béatrice de Andia[b]. Elle envisage, un temps, de le placer dans une institution, avant d'en être dissuadée par ses proches.

Elle qui a toujours détesté ce qui rendait son mari commun souffre de le voir ainsi affaibli. Elle n'accepte pas qu'il ne soit plus ce qu'il a été. Alors, oui, cela la rend parfois agressive et, de temps en temps, elle perd pied. D'où les phrases odieuses qu'elle dispense ici et là, telle un volcan soumis à une trop forte pression.

Ce n'est pas glorieux, certes, mais c'est humain.

## 44

## « Jacques Chirac vit la pire des choses qui puisse arriver à une personne, c'est-à-dire perdre son enfant »

Les officiers de sécurité ont réagi spontanément. Quand Jacques Chirac est descendu en fauteuil roulant de la voiture qui l'a déposé devant la chapelle de Jésus-Enfant, ils se sont aussitôt rassemblés pour former un barrage de leurs corps et empêcher les paparazzis de prendre des images dégradantes de l'ancien président. Qu'on le laisse au moins enterrer sa fille tranquillement !

En ce 16 avril 2016, le vieil homme malade doit affronter une épreuve atroce. Laurence est décédée deux jours plus tôt à l'hôpital Necker, d'un arrêt cardiaque consécutif à un problème de déglutition – une mort paradoxale pour une anorexique. Pour le ménager, Bernadette et Claude ne lui ont pas annoncé la nouvelle immédiatement, mais, quand il s'est recueilli devant la dépouille de sa fille, il a longuement pleuré. Aujourd'hui, il assiste à la cérémonie au premier rang, conscient et digne.

L'office, très simple, ne réunit que les intimes : la famille et les amis les plus proches, parmi lesquels se trouvent notamment François Pinault, Thierry Breton, Bernard Arnault… Claude évoque la mémoire de sa sœur, quelques amis font de même. *Fatum* : cette messe de funérailles se déroule dans l'église même où Jacques et Bernadette se sont unis le 16 mars 1956 et où, quelques semaines auparavant, ils venaient de célébrer – avec Laurence – le soixantième anniversaire de leur mariage.

Des parents peuvent-ils connaître un drame plus épouvantable ? « Jacques Chirac est un homme qui, depuis des années, se bat contre la maladie et qui vit maintenant la pire des choses qui puisse arriver à une personne, c'est-à-dire perdre son enfant, souligne quelques jours plus tard son gendre, Frédéric Salat-Baroux, sur Europe 1. Donc, le moment est nécessairement terrible, comme il est terrible également, et c'est plus dur encore, pour Bernadette Chirac. C'est une mère. Laurence était l'affaire de sa vie. C'est très, très, très dur et elle est émouvante de dignité dans ces moments-là. Ils ont craint cet instant, cet instant arrive, et malheureusement, il faut le vivre. »

Laurence allait mieux, pourtant, depuis quelque temps. Pour éviter une nouvelle tentative de suicide, deux personnes continuaient de se relayer en permanence auprès d'elle dans le petit rez-de-chaussée qu'elle occupait rue de Montauban, dans le XV$^{e}$ arrondissement de Paris, mais c'était là pure précaution car son état psychique affichait de nets progrès. À son domicile, elle lisait, écoutait de la musique classique, regardait des films policiers[a]. Elle avait assisté au dernier repas d'anniversaire de son père, repris contact avec Claude et Martin. Elle avait toujours du mal à marcher mais sortait davantage dans son quartier, se promenait de temps à autre dans le parc Georges-Brassens, pratiquait même l'équitation en forêt de Rambouillet. «C'est une excellente cavalière, mais on ne peut prendre le risque de la laisser galoper. Quelqu'un l'accompagne quand elle se promène dans le bois l'après-midi. C'est sa principale distraction», précisait Bernadette Chirac en 2014[b]. Une amorce de retour à une vie «normale».

En 2012, pour les quatre-vingts ans de son père, elle était même réapparue médiatiquement. À l'occasion d'un reportage de *Paris Match,* la famille Chirac avait posé au grand complet devant l'objectif. Laurence en photo dans la presse ! Un événement inédit depuis trente ans. Les Français avaient alors redécouvert une femme absolument méconnaissable, encore fragile, mais entourée des siens et souriante. Si elle n'avait pas mené la carrière brillante à laquelle ses dons naturels la prédisposaient, au moins semblait-elle sortie de la période atroce qu'elle avait traversée, alternant troubles de l'alimentation et tentatives de suicide. Jusqu'à cette journée fatale du 14 avril 2016. Comme s'il était dit que le destin devait s'acharner, toujours, sur la fille aînée de la famille.

Deux semaines plus tard, Jacques Chirac est retourné à son bureau, où quelques fidèles continuent à lui rendre visite. À une amie, Bernadette a simplement indiqué : «Je ne lui parle plus du tout de Laurence. J'espère pour lui qu'il a oublié.»

# Épilogue

Le 16 mai 2007, Jacques Chirac doit assurer la transmission de pouvoir à Nicolas Sarkozy. La veille, le président sortant s'est adressé aux Français pour la dernière fois à la télévision. Dans cette allocution aux allures de testament, il a parlé officiellement de la France, naturellement, mais en creux, ce grand pudique a évoqué aussi – et peut-être surtout – sa vie privée. « Une nation, a-t-il déclaré, c'est une famille. Ce lien qui nous unit est notre bien le plus précieux. Il nous rassemble. Il nous unit. Il nous permet d'aller de l'avant [...]. Bien sûr, nous sommes profondément divers. Bien sûr, il peut y avoir des différences de conception, des divergences de vue. Mais nous devons, dans le dialogue, dans la concorde, nous retrouver sur l'essentiel. »

Un essentiel qui, au moment d'aborder la dernière étape de son existence, le ramène encore et toujours à son clan.

## REMERCIEMENTS

Ce livre a été nourri par de nombreux entretiens, réalisés spécifiquement pour cet ouvrage ou dans le cadre d'articles sur le même sujet publiés dans *L'Express* ou dans *La Croix.*

Que soient ici remerciés tous ceux qui ont bien voulu m'accorder de leur temps, et notamment…

Béatrice de Andia, Jean-Jacques Aillagon, Christine Albanel, Alain Albinet, Philippe Alexandre, Roselyne Bachelot, François Barbazange, François Baroin, Jean-Luc Barré, Françoise Béziat, Bernard Bled, Gérard Bonnet, Thierry Breton, Michel Brette, Daniel Chasseing, Laurent Chastagnol, Bernadette Chirac, Bertrand Clavel, Christine Clerc, Yvon Cochard, Yves Colmou, Bernard Combes, Yves Contassot, Patrick de Carolis, Frédéric de Saint-Sernin, Jean-Paul Delevoye, Georges Delord, Ginette Delord, Jean-Paul Denanot, Sophie Dessus, Renaud Donnedieu de Vabres, Odette Douhet, Alain Duhamel, Jean-Pierre Dupont, Marie-Thérèse François-Poncet, Philippe Galli, Marie-France Garaud, Franz-Olivier Giesbert, Philippe Goulliaud, Jérôme Grand d'Esnon, Béatrice Gurrey, Jean-Claude Laumond, Martine Leclerc, Jean-François Legaret, Françoise Limoujoux, Dominique Marchi, Pierre Mazeaud, Rozenn Milin, Bernard Murat, Catherine Nay, Claude Nougein, Corinne Perben, Dominique Perben, Caroline Pigozzi, Michel Poincheval, Patrick Poivre d'Arvor, Paul

Poudade, Laurence Reculet, Hugues Renson, Daniel Rivassou, Michel Rocard, Michel Roussin, Antoine Rufenacht, Gaël Sliman, Raymond Soubie, Olivier Stirn, Valérie Terranova, Jean Tiberi, Denis Tillinac, Pascale Tournier, Jean-Paul Trichet, Daniel Vaillant, Laurent Vigier.

Je n'oublie pas non plus ceux qui ont préféré s'entretenir avec moi de manière anonyme et qui, pour cette raison, ne sont pas cités ici.

# BIBLIOGRAPHIE

BACQUÉ, Raphaëlle : *Chirac ou le démon du pouvoir*, Albin Michel, 2002

BLED, Bernard : *Carnets de campagne*, Michel Lafon, 2001

CABANA, Anna : *Juppé. L'orgueil et la vengeance*, Flammarion, 2011

CHIRAC, Bernadette, avec DE CAROLIS, Patrick : *Conversation*, Plon, 2001

CHIRAC, Jacques : *Chaque pas doit être un but*, « Mémoires », tome 1, NiL, 2009

CHIRAC, Jacques : *Le Temps présidentiel*, « Mémoires », tome 2, NiL, 2011

CLERC, Christine : *Journal intime de Jacques Chirac*, tome 1, Albin Michel, 1995

CLERC, Christine : *Tigres et Tigresses*, « Histoire intime des couples présidentiels sous la Ve République », Plon, 2006

DELOIRE, Christophe, et DUBOIS, Christophe : *Sexus politicus*, Albin Michel, 2006

DIVE, Bruno : *Le Dernier Chirac*, Jacob-Duvernet, 2011

DIVE, Bruno et TABARD, Guillaume : *Les Amis de l'Hôtel de Ville*, Plon, 2001

DOMENACH, Nicolas et SZAFRAN, Maurice : *Le Roman d'un président*, Plon, 1995

DUPONT, Laureline et DE SAINT-RÉMY, Pauline : *Jacques et Jacqueline*, Robert Laffont, 2016

GIESBERT, Franz-Olivier : *Jacques Chirac*, Le Seuil, 1987

GIESBERT, Franz-Olivier : *La Tragédie du Président*, « Scènes de la vie politique 1986-2006 », Flammarion, 2006

GOULLIAUD, Philippe et ALLAIRE, Marie-Bénédicte : *L'Incroyable Septennat*, Fayard, 2002

GURREY, Béatrice : *Les Chirac. Les secrets du clan*, Robert Laffont, 2015, prix du Livre politique 2015

LAUMOND, Jean-Claude : *Vingt-cinq ans avec lui*, Ramsay, 2001

LÉGER, Laurent : *Claude Chirac*, « Enquête sur la fille de l'ombre », Flammarion, 2007

MANDONNET, Éric : *Les Dimanches du Président*, Grasset, 2001

MEYER-STABLET, Bertrand : *Bernadette Chirac. L'inconnue la plus célèbre*, Perrin, 1999

NEDELEC, Candice : *Bernadette et Jacques*, Stock, 2015

PÉAN, Pierre : *L'Inconnu de l'Élysée*, Fayard, 2007.

PIGOZZI, Caroline : *Jacques et Bernadette en privé*, Robert Laffont, 2002.

POUDADE, Paul : *Dans l'ombre du Président*, Michel Lafon, 2014

STIRN, Olivier : *Mes Présidents*, Le Félin, 2004

TOURNIER, Pascale : *La Reine mère*, Éditions du Moment, 2011

VIOUJARD, Christian : *Chirac. Instantané(s)*, De Borée, 2016

ZEMMOUR, Éric : *L'homme qui ne s'aimait pas*, Balland, 2002

# NOTES

**Chapitre 1 :**

a. *Conversation*, Bernadette Chirac avec Patrick de Carolis, Plon, 2001.
b. Entretien avec l'auteur.
c. *Chaque pas doit être un but*, Jacques Chirac, « Mémoires », tome 1, NiL, 2009.
d. *Chirac, la bio*, Franz-Olivier Giesbert et Laurent Portes, documentaire, France 3, 14 décembre 2005.

**Chapitre 2 :**

a. *Jacques et Bernadette en privé*, Caroline Pigozzi, Robert Laffont, 2002.
b. *Vingt-cinq ans avec lui*, Jean-Claude Laumond, Ramsay, 2001.
c. Entretien avec l'auteur.
d. *Chaque pas doit être un but*, Jacques Chirac, « Mémoires », tome 1, NiL, 2009.

**Chapitre 3 :**

a. *Chaque pas doit être un but*, Jacques Chirac, « Mémoires », tome 1, NiL, 2009.
b. *Le Figaro Magazine*, 14 juin 1986.
c. *Jacques Chirac*, Franz-Olivier Giesbert, Le Seuil, 1987.
d. *Conversation*, Bernadette Chirac avec Patrick de Carolis, Plon, 2001.

e. Entretien avec l'auteur.
f. *Gala*, 28 juin 2016.
g. *L'Inconnu de l'Élysée*, Pierre Péan, Fayard, 2007.

**Chapitre 4 :**
a. Entretien avec l'auteur.
b. BFM TV.
c. *La Tragédie du Président*, « Scènes de la vie politique, 1986-2006 », Franz-Olivier Giesbert, Flammarion, 2006.

**Chapitre 5 :**
a. *La Tragédie du Président*, « Scènes de la vie politique, 1986-2006 », Franz-Olivier Giesbert, Flammarion, 2006.
b. Entretien avec l'auteur.
c. *Chaque pas doit être un but*, Jacques Chirac, « Mémoires », tome 1, NiL, 2009.
d. *Conversation*, Bernadette Chirac avec Patrick de Carolis, Plon, 2001.
e. *L'Inconnu de l'Élysée*, Pierre Péan, Fayard, 2007.
f. *Sexus politicus*, Christophe Deloire et Christophe Dubois, Albin Michel, 2006.

**Chapitre 6 :**
a. *Le Dernier Chirac*, Bruno Dive, Jacob-Duvernet, 2011.
b. Entretien avec l'auteur.
c. *Conversation*, Bernadette Chirac avec Patrick de Carolis, Plon, 2001.
d. *Paris Match*, 21 juillet 2016.
e. *Sexus politicus*, Christophe Deloire et Christophe Dubois, Albin Michel, 2006.

**Chapitre 7 :**
a. *Dans l'ombre du Président*, Paul Poudade, Michel Lafon, 2014.

b. *Jacques et Bernadette en privé*, Caroline Pigozzi, Robert Laffont, 2002.
c. Entretien avec l'auteur.
d. *Conversation*, Bernadette Chirac avec Patrick de Carolis, Plon, 2001.
e. Christophe Barbier, Éric Mandonnet et Jean-Marie Pontault, *L'Express*, 14 février 2005.

**Chapitre 8 :**
a. *Conversation*, Bernadette Chirac avec Patrick de Carolis, Plon, 2001.
b. Entretien avec l'auteur.
c. *Jacques et Bernadette en privé*, Caroline Pigozzi, Robert Laffont, 2002.
d. *L'Inconnu de l'Élysée*, Pierre Péan, Fayard, 2007.

**Chapitre 9 :**
a. Entretien avec l'auteur.
b. *L'Inconnu de l'Élysée*, Pierre Péan, Fayard, 2007.
c. *Dans l'ombre du Président*, Paul Poudade, Michel Lafon, 2014.

**Chapitre 10 :**
a. *Dans l'ombre du Président*, Paul Poudade, Michel Lafon, 2014.
b. Entretien avec l'auteur.
c. *La Tragédie du Président*, «Scènes de la vie politique, 1986-2006», Franz-Olivier Giesbert, Flammarion, 2006.

**Chapitre 11 :**
a. Entretien avec l'auteur.
b. *Les Chirac. Les secrets du clan*, Béatrice Gurrey, Robert Laffont, 2015, prix du Livre politique 2015.
c. *La Tragédie du Président*, «Scènes de la vie politique, 1986-2006», Franz-Olivier Giesbert, Flammarion, 2006.

d. *Le Canard enchaîné*, 28 mars 1995 ; cité dans *Claude Chirac*, «Enquête sur la fille de l'ombre», Laurent Léger, Flammarion, 2007, et dans *La Tragédie du Président*, «Scènes de la vie politique, 1986-2006», Franz-Olivier Giesbert, Flammarion, 2006.
e. *Sexus politicus*, Christophe Deloire et Christophe Dubois, Albin Michel, 2006.
f. *Jacques et Jacqueline*, «Un homme et une femme face à la raison d'État», Laureline Dupont et Pauline de Saint-Rémy, Robert Laffont, 2016.
g. *La Reine mère*, Pascale Tournier, Éditions du Moment, 2011.

**Chapitre 12 :**
a. Entretien avec l'auteur.
b. «La fortune des Chirac», Jérôme Dupuis, *L'Express*, 4 janvier 2001.
c. *Le Dernier Chirac*, Bruno Dive, Jacob-Duvernet, 2011.
d. *Les Chirac. Les secrets du clan*, Béatrice Gurrey, Robert Laffont, 2015, prix du Livre politique 2015.
e. «LVMH - Les jetons de Bernadette lui rapportent gros», Emmanuel Paquette, *L'Express*, 31 mars 2015.
f. Après l'Élysée, «nous louerons un appartement», indiquait en 2001 Bernadette dans son livre *Conversation*, avec Patrick de Carolis, Plon, 2001.
g. «Révélations sur l'appartement des Chirac», Éric Pelletier et Jean-Marie Pontaut, *L'Express*, 4 février 2009.
h. *Sexus politicus*, Chistophe Deloire et Christophe Dubois, Albin Michel, 2006.
i. «Les secrets des Chirac», Christophe Barbier, Éric Mandonnet et Jean-Marie Pontaut, *L'Express*, 14 février 2005
j. *Les Dimanches du Président*, Éric Mandonnet, Grasset, 2001.

**Chapitre 13 :**

a. Entretien avec l'auteur.
b. *Le Dernier Chirac*, Bruno Dive, Jacob-Duvernet, 2011.
c. *Le Temps présidentiel*, Jacques Chirac, « Mémoires », tome 2, NiL, 2011.

**Chapitre 14 :**

a. Entretien avec l'auteur.
b. *Conversation*, Bernadette Chirac avec Patrick de Carolis, Plon, 2001.
c. *La Tragédie du Président*, « Scènes de la vie politique, 1986-2006 », Franz-Olivier Giesbert, Flammarion, 2006.
d. *Jacques et Bernadette en privé*, Caroline Pigozzi, Robert Laffont, 2002.

**Chapitre 15 :**

a. Entretien avec l'auteur.
b. *Jacques et Bernadette en privé*, Caroline Pigozzi, Robert Laffont, 2002.
c. *Conversation*, Bernadette Chirac avec Patrick de Carolis, Plon, 2001.

**Chapitre 16 :**

a. Entretien avec l'auteur.
b. *Les Chirac. Les secrets du clan*, Béatrice Gurrey, Robert Laffont, 2015, prix du Livre politique 2015.
c. *Gala*, 28 juin 2016.

**Chapitre 17 :**

a. Entretien avec l'auteur.
b. *Jacques et Bernadette en privé*, Caroline Pigozzi, Robert Laffont, 2002.
c. *Conversation*, Bernadette Chirac avec Patrick de Carolis, Plon, 2001.

d. *Jacques Chirac*, Franz-Olivier Giesbert, Le Seuil, 1987.
e. *La Tragédie du Président*, «Scènes de la vie politique, 1986-2006», Franz-Olivier Giesbert, 2006.
f. Antenne 2, 1988.

**Chapitre 18 :**
a. Christophe Barbier, Éric Mandonnet, Jean-Marie Pontaut, *L'Express*, 14 février 2005.
b. *Conversation*, Bernadette Chirac avec Patrick de Carolis, Plon, 2001.
c. *Dans l'ombre du Président*, Paul Poudade, Michel Lafon, 2014.
d. *Jacques et Bernadette en privé*, Caroline Pigozzi, Robert Laffont, 2002.
e. *L'Inconnu de l'Élysée*, Pierre Péan, Fayard, 2007.

**Chapitre 19 :**
a. *Paris Match*, 20 avril 2016.
b. Entretien avec l'auteur.
c. *Jacques et Bernadette en privé*, Caroline Pigozzi, Robert Laffont, 2002.
d. *Le Clan Chirac, une famille au cœur du pouvoir*, Pierre Hurel, documentaire, France 2, 26 février 2012.
e. *Le Monde*, 16 avril 2016.
f. *Chaque pas doit être un but*, Jacques Chirac, «Mémoires», tome 1, NiL, 2009.
g. Caroline Pigozzi, *Paris Match*, 18 avril 2016.
h. *Paris Match*, 21 juillet 2016.
i. *L'Inconnu de l'Élysée*, Pierre Péan, Fayard, 2007.

**Chapitre 20 :**
a. La date précise de cet épisode est difficile à situer. Dans ses Mémoires (tome 1, page 415), Jacques Chirac évoque la période qui a suivi la défenestration de Laurence du

« 18 avril 1987 », mais son épouse, dans son livre *Conversation* (page 102), affirme que la rumeur daterait de « 1993 ».

b. *Chaque pas doit être un but*, Jacques Chirac, « Mémoires », tome 1, NiL, 2009.

c. Entretien avec l'auteur.

d. *L'Inconnu de l'Élysée*, Pierre Péan, Fayard, 2007.

**Chapitre 21 :**

a. Entretien avec l'auteur.

b. Laurent Decloitre, *Libération*, 6 août 2004.

**Chapitre 22 :**

a. *Conversation*, Bernadette Chirac avec Patrick de Carolis, Plon, 2001.

b. Entretien avec l'auteur.

c. *Vingt-cinq ans avec lui*, Jean-Claude Laumond, Ramsay, 2001.

**Chapitre 23 :**

a. *Jacques et Bernadette en privé*, Caroline Pigozzi, Robert Laffont, 2002.

b. Entretien avec l'auteur.

**Chapitre 24 :**

a. Entretien avec l'auteur.

b. *L'Inconnu de l'Élysée*, Pierre Péan, Fayard, 2007.

c. *Jacques et Bernadette en privé*, Caroline Pigozzi, Robert Laffont, 2002.

**Chapitre 25 :**

a. *Conversation*, Bernadette Chirac avec Patrick de Carolis, Plon, 2001.

b. *Les Dimanches du Président*, Éric Mandonnet, Grasset, 2001.

c. *Chaque pas doit être un but*, Jacques Chirac, « Mémoires », tome 1, NiL, 2009.

**Chapitre 26 :**
a. Entretien avec l'auteur.
b. *Jacques et Bernadette en privé*, Caroline Pigozzi, Robert Laffont, 2002.

**Chapitre 27 :**
a. Entretien avec l'auteur.
b. *Conversation*, Bernadette Chirac avec Patrick de Carolis, Plon, 2001.
c. Hervé Algalarondo, *Le Nouvel Observateur*, 1er mars 2001.

**Chapitre 28 :**
a. Entretien avec l'auteur.
b. *Jacques et Bernadette en privé*, Caroline Pigozzi, Robert Laffont, 2002.
c. *Bernadette Chirac. L'inconnue la plus célèbre*, Bertrand Meyer-Stabley, Perrin, 1999.
d. *Tigres et Tigresses*, « Histoire intime des couples présidentiels sous la Ve République », Christine Clerc, Plon, 2006.
e. *Claude Chirac*, « Enquête sur la fille de l'ombre », Laurent Léger, Flammarion, 2007.

**Chapitre 29 :**
a. Entretien avec l'auteur.
b. *Claude Chirac*, « Enquête sur la fille de l'ombre », Laurent Léger, Flammarion, 2007.
c. *La Tragédie du Président*, « Scènes de la vie politique, 1986-2006 » Franz-Olivier Giesbert, Flammarion, 2006.

d. *Chaque pas doit être un but*, Jacques Chirac, « Mémoires », tome 1, NiL, 2009.
e. *Les Chirac. Les secrets du clan*, Béatrice Gurrey, Robert Laffont, 2015, prix du Livre politique 2015.
f. *Chirac ou le démon du pouvoir*, Raphaëlle Bacqué, Albin Michel, 2002.

**Chapitre 30 :**
a. Entretien avec l'auteur.
b. *Jacques et Bernadette en privé*, Caroline Pigozzi, Robert Laffont, 2002.
c. *Claude Chirac*, « Enquête sur la fille de l'ombre », Laurent Léger, Flammarion, 2007.
d. *Le Temps présidentiel*, Jacques Chirac, « Mémoires », tome 2, NiL, 2011.
e. *Les Dimanches du Président*, Éric Mandonnet, Grasset, 2001.

**Chapitre 31 :**
a. Entretien avec l'auteur.

**Chapitre 32 :**
a. Entretien avec l'auteur.

**Chapitre 33 :**
a. Entretien avec l'auteur.
b. *Dans l'ombre du Président*, Paul Poudade, Michel Lafon, 2014.
c. *Claude Chirac*, « Enquête sur la fille de l'ombre », Laurent Léger, Flammarion, 2007.
d. *Jacques et Bernadette en privé*, Caroline Pigozzi, Robert Laffont, 2002.
e. Bernard Bled, entretien avec l'auteur.
f. *Jacques Chirac*, Franz-Olivier Giesbert, Le Seuil, 1987.

g. *La Reine mère*, Pascale Tournier, Éditions du Moment, 2011.

**Chapitre 34 :**

a. Entretien avec l'auteur.
b. *Le Temps présidentiel*, Jacques Chirac, « Mémoires », tome 2, NiL, 2011.

**Chapitre 35 ;**

a. Entretien avec l'auteur.
b. *Le Temps présidentiel*, Jacques Chirac, « Mémoires », tome 2, NiL, 2011.
c. *Les Dimanches du Président*, Éric Mandonnet, Grasset, 2001.

**Chapitre 36 :**

a. Entretien avec l'auteur.
b. *Le Temps présidentiel*, Jacques Chirac, « Mémoires », tome 2, NiL, 2011.
c. *Le Roman d'un président*, Nicolas Domenach et Maurice Szafran, Plon, 1997.
d. *Conversation*, Bernadette Chirac avec Patrick de Carolis, Plon, 2001.
e. Christophe Barbier, Éric Mandonnet et Jean-Marie Pontaut, *L'Express*, 14 février 2005.
f. *Les Chirac. Les secrets du clan*, Béatrice Gurrey, Robert Laffont, 2015, prix du Livre politique 2015.
g. *Ambition intime*, M6, 9 octobre 2016.

**Chapitre 37 :**

a. *Les Chirac. Les secrets du clan*, Béatrice Gurrey, Robert Laffont, 2015, prix du Livre politique 2015.
b. Entretien avec l'auteur.

**Chapitre 38 :**

a. Entretien avec l'auteur.

**Chapitre 39 :**

a. Entretien avec l'auteur.
b. *Les Chirac. Les secrets du clan*, Béatrice Gurrey, Robert Laffont, 2015, prix du Livre politique 2015.
c. *Le Canard enchaîné*, 16 mars 2016.

**Chapitre 40 :**

a. *Les Chirac. Les secrets du clan*, Béatrice Gurrey, Robert Laffont, 2015, prix du Livre politique 2015.
b. Entretien avec l'auteur.

**Chapitre 41 :**

a. *L'Inconnu de l'Élysée*, Pierre Péan, Fayard, 2007.
b. *Chaque pas doit être un but*, Jacques Chirac, « Mémoires », tome 1, NiL, 2009.
c. *La Tragédie du Président*, « Scènes de la vie politique 1986-2006 », Franz-Olivier Giesbert, Flammarion, 2006.
d. *L'Homme qui ne s'aimait pas*, Éric Zemmour, Balland, 2002.
e. *Les Chirac. Les Secrets du clan*, Béatrice Gurrey, Robert Laffont, 2015, prix du Livre politique 2015.
f. *Le Dernier Chirac*, Bruno Dive, Jacob-Duvernet, 2011.
g. « Lorsque j'étais ministre de la Culture, entre 2002 et 2004, j'ai tenté de le convaincre de modifier la Constitution pour permettre de développer les politiques publiques en leur faveur. Il m'a répondu que ce n'était "pas opportun". »
h. Entretien avec l'auteur.

**Chapitre 42 :**

a. Entretien avec l'auteur.

b. *Les Chirac. Les secrets du clan*, Béatrice Gurrey, Robert Laffont, 2015, prix du Livre politique 2015.

**Chapitre 43 :**

a. *Le Dernier Chirac*, Bruno Dive, Jacob-Duvernet, 2011.
b. Entretien avec l'auteur.
c. *Le Temps présidentiel*, Jacques Chirac, « Mémoires », tome 2, NiL, 2011.

**Chapitre 44 :**

a. Caroline Pigozzi, *Paris Match*, 18 avril 2016.
b. Entretien avec l'auteur.

# Table

*Du même auteur :*

Les grands projets qui vont changer nos villes. La France dans 10 ans, Éditions de la Martinière, 2012.

La Grande Aventure du français, ministère de la Culture et de la Communication, délégation générale à la langue française et aux langues de France, 2015.

PAPIER À BASE DE FIBRES CERTIFIÉES

Le Livre de Poche s'engage pour l'environnement en réduisant l'empreinte carbone de ses livres. Celle de cet exemplaire est de :
300 g éq. $CO_2$
Rendez-vous sur www.livredepoche-durable.fr

Composition réalisée par Lumina Datamatics, Inc.

Imprimé en France par CPI
en août 2018
N° d'impression : 3030281
Dépôt légal 1re publication : septembre 2018
LIBRAIRIE GÉNÉRALE FRANÇAISE
21, rue du Montparnasse - 75298 Paris Cedex 06

35/1788/4